穿越中國五千年 ⑦

遼金宋夏

歪歪兔童書館　著繪

中華教育

前言

讓歷史更鮮活、更可愛一些

張永江

本書審訂人

（國家清史編纂委員會專家，中國人民大學歷史學院教授、博導）

作為一個大半生從事歷史研究、歷史教育的專業人員，數十年來，有兩大問題始終縈繞在我心懷：許多人為之竭盡心力的史學有何價值？怎樣才能把紛繁複雜的歷史知識有效傳達給社會公眾，並成為大眾知識的一部分？這也可以説是歷史學者的「終極之問」吧。

所謂歷史，就是已經逝去的過往一切。沒有文字之前，人類記憶的保存和傳遞基本上只能依靠口耳相傳。那時，構成歷史的記憶，多半是家族、部落的先輩的經歷、經驗和教訓。有了文字，就有了儲存、傳承歷史記憶的「利器」。歷史記憶，對於家族、部落乃至民族和國家都極為重要，是凝聚認同感的主要依託。對於個人，歷史也同樣重要，往往表現為潛意識下的集體認同情感和外在的生命智慧，滋養豐富着個體的精神世界。毫不誇張地説，古往今來，凡是卓然超羣的偉大民族和深謀遠慮的傑出人物，無一不吸收並受益於豐厚的歷史經驗的滋養。

在古典時代，華夏中國數千年的文明綿續不斷，累積了獨一無二的

豐厚的歷史記錄，皇皇巨著「二十四史」就是中國作為史學大國的明證。我們不光擁有三千年連續不斷的歷史記載，擁有浩如煙海的史學著述，還形成了堪稱發達的史學文化。「以史為鑒」、「秉筆直書」等等，都是中華民族史學之樹長青的精神養料。當然，中國史學發展到近代，也存在着一個重大缺陷，就是百多年前梁啟超指出的傳統史學缺乏「國民性」，都是以帝王將相為中心的歷史。為此，他呼籲「史學革命」，為創建「新史學」不遺餘力。實際上，舊史學除了記錄內容有「帝王中心」的問題外，還存在「形式」過於「莊嚴」，脫離廣大民眾、高高在上的問題。

近代以來，隨着近代化浪潮的影響，中國的文化轉型為各領域帶來了變化。史學也開始由統治階級主要用於「資治」的「高大上」功能而定位於「廟堂」之上，逐漸放低「姿態」，全面容納社會生活；體裁上以西方史學為藍本的章節體史書，搭配淺顯易懂的白話文敍述，使社會公眾對史學有了更多的親切感。關心史學的人士也由過去狹窄的士大夫精英階層擴大到一般的知識界，並經由中學教科書體系連接到未成年人世界。這種改變當然是可貴的，但還遠遠不夠。歷史的普及教育仍然有一個門檻，那就是必須具備了中學以上學歷或識字水平才能進入歷史世界。這看似不算高的門檻，事實上將億萬兒童擋在了歷史殿堂之外。

現在面臨的一個重要的問題是，如何讓靜態的歷史鮮活起來，化繁為簡，讓「莊嚴可敬」的歷史更接地氣，趣味橫生？

前人已經付出了很多努力來探索這種可能性。早在清代，就已出現了通俗性的歷史讀本《綱鑒易知錄》。學富五車的梁啟超、胡適都是通

過這部書來啟蒙史學的。歷代都有人通過小說、戲曲、詩詞等藝術形式表現歷史，影響較大的如《三國演義》、《說唐傳》。近數十年，由專業學者編寫的普及性的歷史讀物覆蓋了歷史上的重大事件、人物傳記，人們創作了大量的連環畫來展現歷史，歷史題材的小說如《少年天子》、《雍正皇帝》，影視中的清宮戲，電視節目中的《百家講壇》等，更是令人目不暇接。但是，藝術表現的歷史，並非都是真實的歷史，歪曲、誇大、臆造、戲說的「歷史」所在多有。新形式不僅沒有幫助兒童獲取正確的歷史知識，兒童讀者反而因為缺乏鑑別能力而有可能被誤導。系統地、準確地、正確地向廣大社會公眾傳達真實的歷史知識，仍有待專業的歷史研究者努力。

史學知識普及的難點在於，難以兼顧通俗性與嚴肅性。通俗性要求讀者喜聞樂見，情節生動有趣。但傳統史學本身關注的內容毫無趣味，研究更需要嚴謹細緻，過程枯燥乏味。於是就出現了兩個極端：專業研究者謹慎嚴格，研究結果只在「圈內人」中傳播；社會公眾中的史學愛好者興趣盎然，對資料卻真偽不辨，良莠不分，傳播的只能是戲說的「歷史」。歷史產品的「出品方」雅俗分離，兩者漸行漸遠，普羅大眾更多接受的是後者。

可喜的是，近年來這種困境有了新的突破，就是專業史學研究者與業餘歷史愛好者雙方在編輯、出版者的撮合下走到一起，分工合作，面向廣大兒童、青少年推出了新型故事。首先試水的是「漫畫體」的歷史故事，以對話方式推進故事，受到學齡前後兒童和家長的喜愛，在市場上大獲成功。新文本雖然形式活潑，但內容也經專家審定，並無虛構。

歪歪兔的這套《穿越中國五千年》，可以看作是「漫畫體」的升級版，面向的是中小學階段的讀者。全書分十冊，涵蓋了從遠古到清代的漫長時期，按階段劃分成卷，完全符合歷史發展順序，可以視作「故事體」的「少年版中國通史」。敘事上，避免了以往歷史讀物常見的簡化版枯燥的「宏大敘事」問題，而是每冊選取三十個左右的歷史故事，通俗形象地展示這一時期的歷史概貌。

　　作為本書的審訂人，我認為這套書有以下特色和優點：

所採擷的歷史故事真實、經典，覆蓋面廣，屬大眾喜聞樂見、耳熟能詳者。

　　本書由具有深厚史學功底的歷史學者、知名歷史類暢銷書作家合力撰寫，故事根據《左傳》、《戰國策》、《史記》、《漢書》、《資治通鑒》等歷史典籍編寫，參考最新的權威考古研究報告，以適合小讀者的語言進行講述，生動有趣地還原真實的歷史事件，讓歷史更加鮮活。每篇故事中的生僻字都有注音，古代地名標明現今位置，生僻官職名稱、物品名稱也有相關解釋，掃除了閱讀障礙。

編排設計合理，強調對歷史線的梳理，簡要勾勒出一部中國歷史大觀。故事之間彼此呼應，有內在的邏輯關係。

　　本書精選的二百七十個歷史故事，基本涵蓋了中國歷史發展過程中重要的時間點和歷史大事件。小讀者通過這套書，可以清楚地了解到從

距今約七十萬年的周口店北京人到 1912 年清朝滅亡期間王朝的興衰和歷史發展過程。

💡 **內容豐富，知識欄目多，便於小讀者在學習歷史的同時，豐富文化知識，開拓視野。**

每一篇除故事主體外，還大致包含以下欄目內容：

好玩的副標題，激發小讀者的閱讀興趣。

知識加油站，選取與歷史故事相關聯的知識點，從文化、文學、科學、制度、民俗、經濟、軍事等角度，擴展小讀者的知識面，讓他們了解生活中方方面面的事物都是隨着歷史進程而發展、發明出來的，在增加歷史文化知識的同時，更直觀地理解古人的智慧和歷史的發展規律。

當時的世界，將中國歷史與世界歷史同時期的事件進行對比展示，開闊孩子的視野，培養孩子的全局觀。

💡 **文風活潑生動，圖文並茂，可讀性強。結合中小學生的實際生活，運用比喻、類比、聯想等手法敘事，幫助小讀者真正從歷史中獲得對實際生活的助益。**

時代在進步，文化也在按照自己的邏輯演進。新的世代有幸生活在「全球一體化」的文化交融時代，他們能夠並正在創造出超越前人的新

文化。歷史的海洋足夠廣闊深邃，充分擷取其滋養，豐富個人精神，增進民族智慧，是我們每一個歷史學者的志願！

2021 年 8 月 15 日於京城博望齋

目錄

穿越指南 ⅢⅢ▶ 宋朝

　　來到宋朝，你需要先找一張地圖，確定一下自己的位置。當時的宋朝雖然統一了中原，但是比起上一個王朝唐朝，國土面積實在是小得太多了。在宋朝的北方，是契丹人建立的遼國；再往北是一片廣闊的森林，那裏生活着一個叫女真的民族，他們後來建立了大金國；宋朝的西北部是党項族建立的西夏。它們都是同一時期在中國建立的政權。所以你需要確定一下，你是在遼、西夏、宋，還是女真族生活的地方。

　　我建議你在地圖上找到汴（biàn，粵音辯）京這個地方，然後到那裏去。那裏是北宋的都城，是當時非常繁華的城市。

　　來到汴京後，你會被這裏繁榮的景象所震撼，這不就是《清明上河圖》裏描繪的情景嗎？

　　在汴京，每天都像逛廟會一樣。你可以在街邊聽上幾段小曲，聽説書人講評話，看看皮影戲和口技表演。渴了就進茶館喝杯茶，餓了就去酒樓裏品嚐各種美味佳餚。總之，在汴京你絕對不會感覺到無聊。

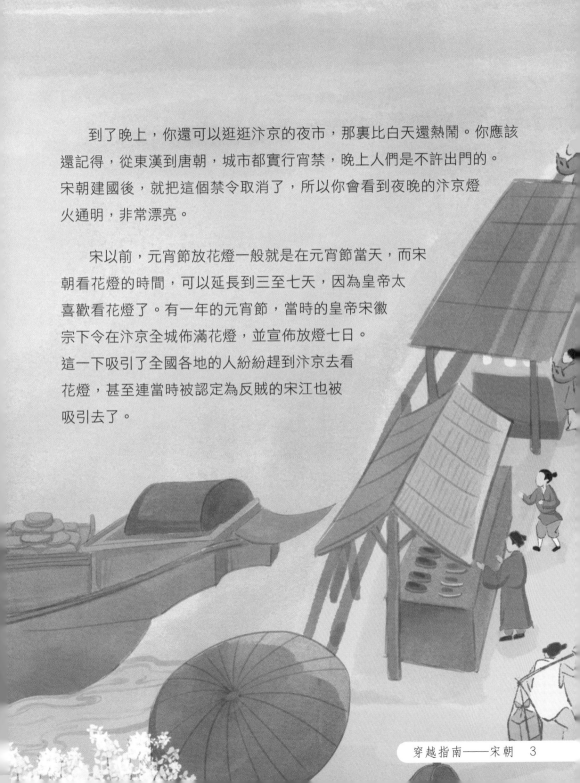

到了晚上，你還可以逛逛汴京的夜市，那裏比白天還熱鬧。你應該還記得，從東漢到唐朝，城市都實行宵禁，晚上人們是不許出門的。宋朝建國後，就把這個禁令取消了，所以你會看到夜晚的汴京燈火通明，非常漂亮。

宋以前，元宵節放花燈一般就是在元宵節當天，而宋朝看花燈的時間，可以延長到三至七天，因為皇帝太喜歡看花燈了。有一年的元宵節，當時的皇帝宋徽宗下令在汴京全城佈滿花燈，並宣佈放燈七日。這一下吸引了全國各地的人紛紛趕到汴京去看花燈，甚至連當時被認定為反賊的宋江也被吸引去了。

穿越到宋朝，還有一個好消息，那就是戶籍管理變寬鬆了。在其他的朝代，假如你的戶籍是在別的地方，你是不能在汴京待太長時間的。但是宋朝在這一點上卻十分開放，只要你在汴京住滿一年，就可以拿到帝都的戶口，以後你就是帝都的永久居民了。

　　宋朝可以説是讀書人的天堂，在這裏，讀書人的地位很高，並出現了一批私人創辦的書院，比如朱熹（xī，粵音希）所在的白鹿洞書院，它位於當時的南康（今江西省九江市廬山五老峯南麓）。如果想參加科舉考試，那麼你一定要買一本朱熹編纂（zuǎn，粵音 zyun2）的《四書章句集注》。因為這本書就相當於現在的中學文憑考試指定篇章，科舉考試的題目都是從這裏面出的，你説重要不重要？

黃袍加身與杯酒釋兵權

史上最輕鬆的建國

　　大家看完五代十國的歷史，是不是覺得非常糟糕？好在這種戰亂紛爭的局面就要結束了，全新的統一王朝即將出現，這就是宋朝。

　　五代十國的最後一個王朝是後周。郭威、柴榮之後，繼承皇位的是柴榮的兒子周恭帝柴宗訓，當時只有七歲。大家可以想想，假如讓你們在柴宗訓那麼大的時候處理那些國家大事，你們肯定也會不知所措吧？柴宗訓雖說有母親符太后輔政，可符太后也並不是前面講的呂后、武則天那類「虎媽」，談不上有甚麼膽量、手腕。這樣一來，朝廷裏就有人對皇位動心思了。

　　這個人就是後周大將趙匡胤（yìn，粵音刃）。周世宗柴榮在位時，趙匡胤抗擊北漢、遼國，屢建戰功，很受柴榮的信任。他位高權重，平時也喜歡交朋友，很快就籠絡起一批文臣武將，勢力越來越大。柴榮病重時，他更是升任殿前都點檢，成為禁軍最高統帥，掌管着整個都城和皇宮的保衞工作。

　　趙匡胤看到現在朝中的局

勢，心思活動起來。當時正是亂世，各小國之間互相傾軋（yà，粵音札），五代的幾個小朝廷換皇帝就跟吃飯喝水一樣平常，後晉時的一位節度使安重榮就説過：皇帝哪有生來就是皇帝的？只要兵強馬壯，你就能當！趙匡胤覺得，反正朝廷裏野心勃勃的大臣有的是，與其坐着等別人把小皇帝踢下皇位，倒不如自己頂上。

機會來得比趙匡胤預料的還要快。周恭帝登基後的第一個新年，遼國就聯合北漢一同入侵中原。符太后聽了很焦急，急忙派趙匡胤領兵抵禦。趙匡胤帶着軍隊出發了。一天晚上，軍隊駐紮在陳橋驛（yì，粵音亦），趙匡胤的親信們就在軍中散佈謠言，到處煽動，説現在的皇帝年紀太小不懂事，將士們就算立下戰功，小皇帝也不知道，不會給他們加官進爵，不如擁立趙匡胤做皇帝，還能謀取一個好前程。

一個是戰功赫赫、深受愛戴的趙點檢，另一個是個子還沒龍椅高、甚麼都不懂的小皇帝，對將士們來説，這道選擇題太容易做了。這天夜裏，將士們都集合到驛門，非要推舉趙匡胤做皇帝，就這麼吵鬧了大半夜。

天快亮的時候，好多將士一窩蜂地衝到趙匡胤的居所外，趙匡胤的弟弟趙匡義趕緊跑進屋，把這事告訴趙匡胤。趙匡胤穿衣出來，士兵們一見他就大喊：「軍隊無主，我們想推舉趙點檢當皇帝！」不等趙匡胤説甚麼，就有人把皇帝穿的龍袍披到了趙匡胤的身上，大家又在院子裏齊齊跪下，嘴裏喊着「萬歲」，接着又簇擁他上馬，請他回京城登基。

這就是史書裏寫的「陳橋兵變」的經過，這一幕也叫「黃袍加身」。大家可能會覺得，原來趙匡胤自己不想當這個皇帝，是被大家逼着發動兵變的啊。如果真這麼想，那你可就上當了。以趙匡胤在軍中的威信，他如果真不想發動兵變，只要發一句話，士兵們就都乖乖散去了，誰要是敢抗命，是會被直接殺頭的。再説士兵們集合到驛門吵鬧，這得多大的動靜？趙匡胤不可能不被吵醒，可他偏偏不立刻露面，非要等大夥吵上大半夜，天快亮的時候才出來，這明擺着就是故意把聲勢鬧大一些。趙匡胤這麼做，其實就是為了在天下人面前擺個姿態：我本來不想當這個皇帝，是將士們實在想讓我當。他用這種方式堵住大家的嘴，讓大家沒理由罵自己篡位。

不過說實在的，趙匡胤的這次兵變，也確實遠沒有歷史上其他兵變那樣殘酷，沒流那麼多的血。趙匡胤騎在馬上，握住轡（pèi，粵音庇）頭問將士們：「你們要擁立我，那我有命令，你們能聽嗎？」將士們都下了馬，一起喊：「聽您的！」趙匡胤於是和將士們約定：周恭帝和皇太后很無辜，要保住他們的性命和尊嚴；後周的大臣們都是他過去的同事，將士們不能欺凌他們；不管是朝廷官員還是平民百姓，將士們都不能侵擾。有不聽命令的人，就按照軍法重重懲治。將士們都表示接受。於是，趙匡胤也不帶他們去邊境抗敵了，直接調轉馬頭衝回京城。

把守京城的是趙匡胤的心腹石守信，他直接打開了城門，讓趙匡胤的軍隊長驅直入，幾乎沒遇到甚麼抵抗。再加上趙匡胤事先對士兵們作了約束，兵變過程中也幾乎沒發生流血衝突。符太后和大臣們根本沒提防趙匡胤殺回來，他們眼看事情已經到了這一步，誰都無力抵抗，只得同意小皇帝退位，由趙匡胤當皇帝。

趙匡胤就這樣不費吹灰之力登上了皇位，建立宋朝，史稱宋太祖，並以開封（也稱汴京）為都城，這一年是 960 年。由於政變是在陳橋驛發生的，後人就稱之為「陳橋兵變」。

趙匡胤剛建立宋朝時，主要佔據河南、山東、山西等中部地區。後來，他先後滅了荊南、武平、後蜀、南漢、南唐等南方的小國，統一了全國大部分領土。跟隨他征戰四方的石守信等將領，也基本上都獲得了分封，在全國各地領兵戍（shù，粵音恕）守。

然而，趙匡胤自己是從武將成為皇帝的，他太清楚武將們有多大本事了。自己可以搶別人的皇位，要是自己的手下也想當皇帝，那該怎麼辦呢？他問宰相趙普，為甚麼從唐朝到現在，戰亂一直都沒有停止呢？趙普回答說，武將的權勢太大，皇帝權力太小，自然就沒辦法阻止武將造反。趙普的話切中了趙匡胤的隱憂，他決定解決這個禍患。

有一天下朝後，趙匡胤把石守信等人留下來喝酒。大家喝得正高興時，趙匡胤忽然重重地歎息了一聲，對石守信等人說：「多虧了你們這些人，我才能當上皇帝，可是我現在卻每天都睡不安穩，還沒有不做皇帝時快樂呢！」

石守信等人大驚失色，問趙匡胤：「現在天下大勢已定，誰還敢有其

他心思呢？」趙匡胤卻回答說：「你們當然沒有這種想法，可萬一你們的屬下貪圖富貴，也硬要把黃袍披到你們身上呢？」

石守信等人聽出了皇帝陛下的猜疑，頓時嚇得冷汗涔涔（cén，粵音岑），哀求曾經的「好兄弟」給他們指一條明路。趙匡胤笑着說：「人生這麼短暫，及時行樂才是最重要的，你們不如把兵權交出來，去置辦些田產房屋，給子孫留點家業，我再和你們結為親家，這不是更好嗎？」

聽到這番話，石守信他們立刻明白了皇帝的心意，紛紛辭職回家休養去了。趙匡胤順勢接管了他們的軍隊，把所有的權力都收回自己手中，就這樣解決了從唐朝以來地方將領權力過大的問題。這件事被稱為「杯酒釋兵權」。

不過，全國統一的大業尚未完成，北方的遼國還在虎視眈眈。周邊強敵環伺，國內百廢待興，新生的宋朝能順利成長嗎？

知識加油站 文化

宋太祖的拿手絕招 —— 太祖長拳

趙匡胤不僅是宋朝的開國皇帝，據說還武藝高強。他曾創造過一套拳法，在軍隊中很流行，直到明朝都還有人學習，這就是赫赫有名的「太祖長拳」。太祖長拳是中國最早的拳法之一，對後來的通背拳、戚家拳、太極拳都有影響。

當時的世界

960 年，宋太祖建立宋朝。962 年，東法蘭克王國國王鄂圖一世在羅馬被教宗加冕為羅馬皇帝，政教合一的神聖羅馬帝國就此誕生了。

金匱之盟與燭影斧聲

千年未解的疑案

　　趙匡胤建立宋朝後，當了十六年的皇帝，在五十歲那年去世了，繼承皇位的是他的三弟趙光義，就是前文提過的趙匡義。因為趙匡胤當了皇帝，他名字裏的字別人就不能再用了，因此改名叫光義，這就是宋太宗。他的即位十分反常，也是歷史上有名的懸案。

　　大家已經看過很多歷史故事了，都知道絕大多數皇帝是要把皇位傳給兒子的，除非沒有兒子，才會考慮傳位給兄弟。可是宋太祖本來就有兩個已長大成人的兒子趙德昭、趙德芳。趙德芳尤其有名，正是《楊家將》之類的評書、京劇裏常提到的「八賢王」。這兄弟倆能力都還不錯，各自在朝中擔任着不大不小的官職，也沒甚麼明顯的劣跡。這樣一來就很奇怪了，趙匡胤為甚麼不把皇位傳給兒子，而是給了弟弟呢？

　　有一種說法是，當年趙匡胤、趙光義的母親杜太后病重時，趙匡胤守在她身邊服侍，一刻也不忍心離開。杜太后感覺到自己可能不會好起來了，就開始交代後事。她告訴趙匡胤，他之所以能取代後周建立宋朝，不是因為老趙家先祖的庇佑，而是因為柴宗訓小朋友年紀實在太小了，根本不懂治國，才讓他有機可乘。小皇帝不管用，年紀大的君主才能把國家治理得越來越強大。為了避免重蹈後周的覆轍，趙匡胤應該把皇位傳給皇弟趙光義，這才是國家的福氣。趙匡胤被母親說服了，他跪拜在地，痛哭着說：「都聽母親的！」為了避免日後反悔，杜太后還讓宰相趙普當這個約定的見證人，讓他把約定記錄下來，藏在櫃子裏，由謹慎細心的宮人們看守。宋朝時的「櫃」寫作「匱」，這份保證書也就被稱為「金匱之盟」。

　　只不過誰也不知道，趙普為甚麼直到宋太宗登基的第六年才講出這個「金匱之盟」的故事。至於盟約本身是否真實，就更沒人知道了。

　　另一個更有名的故事就是「燭影斧聲」了，它記錄在一本叫《續湘山野錄》的筆記裏。據說，宋太祖五十歲時生了一場重病，遲遲不見好轉。

　　有一天下着大雪，他命人擺了一桌宴席，傳趙光義進宮，想跟他商量自己死後的事情。兩兄弟討論的事情比較機密，所以宋太祖就讓宦官和宮女們都遠遠避開。

　　外面的人遠遠守着，只能藉着搖曳的燭光，看到他們跳動的影子映照在窗子上，趙光義似乎好幾次想起身離開，彷彿有些不勝酒力。過了一陣子，宋太祖走出門外，手裏握着一隻水晶製成、用作儀仗的小斧頭「柱

斧」，他用柱斧戳着地上的積雪，對趙光義說：「你好好做！」之後就脫衣就寢、鼾聲如雷。趙光義當晚也在皇城內留宿。

宮女和宦官們遠遠看到太祖睡熟了，誰也不敢前去打擾，直到天色發白，才躡手躡腳地走進房間，想服侍皇帝起牀，卻發現房間裏安靜得出奇，宋太祖已經去世了。晉王趙光義隨即奉遺詔登基，這就是「燭影斧聲」的故事。

還有的史書記載，宋太祖的妻子宋皇后得知太祖去世後，命令心腹太監王繼恩召太祖的兒子趙德芳入宮。王繼恩嘴上答應得好好的，實際上轉頭就去找了趙光義。趙光義猶豫片刻，就和王繼恩一起入宮面見了宋皇后。宋皇后見來的人是晉王，先是大驚失色，後來卻順從地用對皇帝專用的稱呼對他說：「我們孤兒寡母的性命，全託付給官家了。」這似乎也在暗示着，宋皇后並不完全認可趙光義的繼承權，但事情已經到了這個地步，她不得不委曲求全。

宋太宗登基後沒幾年，宋太祖的兩個兒子也都去世了。趙德昭曾經跟隨宋太宗攻打幽州，有一次軍中夜裏發生變故，一時間找不到宋太宗了，有人提議立趙德昭為皇帝。後來宋太宗聽說了這事，非常不高興。這次出兵沒成功，宋太宗也一直沒給將士們論功行賞，趙德昭想替將士們爭取獎賞，宋太宗一下怒了，說：「等你自己當上皇帝再說！」趙德昭一聽這話就嚇壞了，他知道皇帝對自己一直極其提防，再想想自己以後只要活着，就不會有一天安生的日子，結果越想越心灰意冷，退朝後乾脆自刎了。宋太宗聽說後，趕緊跑去抱着趙德昭的屍體大哭：「你這傻孩子，何必這樣呢？」至於這裏到底有多少真心，就沒人知道了。兩年之後，趙德芳也死了，兄弟倆死時都只有二十多歲。

宋太宗登基的過程雖然存在爭議，但他這個皇帝做得還算合格。之前他就很受宋太祖的信任，被封為晉王，擔任開封府尹。要知道，開封是北宋的都城，開封府尹是當地的最高長官。繼位之後，宋太宗大力倡導科舉，任命賢明的官員，發展農業，五代以來民生凋敝的亂象得到了好轉。

除了這些治國和民生上的功績，宋太宗也在繼續宋太祖未竟的統一事業。他收復了江南地區的吳越王錢俶（chù，粵音束）和割據漳、泉二州

的陳洪的領地，又消滅了北漢，徹底結束了五代十國以來政權割據的分裂局面。

可惜的是，宋太宗雖然統一了中原地帶，但向北進攻遼國的行動卻始終不太順利。下一個故事裏我們就能看到，遼國這塊難啃的硬骨頭，幾乎令宋太宗的牙都咬碎了。

「開卷有益」與「雪中送炭」

有兩個大家耳熟能詳的成語與宋太宗有關。宋太宗酷愛讀書，曾命人編纂《太平御覽》和《太平廣記》。書成之後，宋太宗整天捧着書看，不管國事怎麼繁忙，都不捨得放下。他常常說，只要打開書本就會有收穫，這就是「開卷有益」的由來。

有一年下大雪，天氣異常寒冷，宋太宗下令給城裏的窮人們送去銀錢、米和炭，確保百姓們好好過冬。「雪中送炭」的典故也就流傳開來了。身為帝王卻能體恤到平民的不容易，宋太宗確實令人佩服啊！

高梁河之戰

皇帝坐着驢車逃跑了

提到古代的交通工具，達官貴人出行可以騎馬、坐轎，平民就只能靠雙腿走路了。不過要是説到那些奇特的交通工具，宋太宗坐過的驢車一定榜上有名。這得從一場著名的敗仗談起。

差不多和宋太祖建立宋朝、統一全國同一時期，北方的游牧民族契丹也在逐漸成長壯大。916 年，遼太祖耶律阿保機建立了契丹國，趁着中原地區處在分裂狀態，契丹迎來了迅猛發展。耶律阿保機去世後，遼太宗耶律德光更是先從後晉的「兒皇帝」石敬瑭那裏得到了燕雲十六州，後來又率軍南下滅了後晉，佔領開封，改國號為「遼」。不久後，由於中原人民的強烈反抗，遼太宗才倉皇率兵從開封撤回北方。

後來，周世宗柴榮曾向北征伐過遼國，起初節節勝利，後來他不幸患了重病，北伐也就半途而

廢了。到了宋太宗時期，天下的割據勢力基本都被消滅了，遼國和宋朝名義上和平相處，只剩下盤踞在山西地區的北漢。宋太宗準備去攻打北漢，當時北漢投靠了遼國，遼景宗得知後很惱火：打我的手下不就是打我的臉嗎？便派使者去宋朝質問。宋太宗的回答也很霸氣：「北漢不肯歸順，本來就該問罪。你們遼國如果不援助北漢，我們還可以繼續和平相處；要不然，就只有打仗了！」

遼景宗當然不肯退讓，派出數萬人的軍隊前去救援，沒想到在白馬嶺被宋軍打敗了。不過北漢也真是硬骨頭，雖説沒了遼國的援軍，仍然困守在太原城裏拚死抵抗。宋軍猛攻太原快半年，才終於打了下來，將北漢滅亡，被稱為「十國」的割據勢力從此全部被宋朝滅亡。

這下，所有的宋軍將士歡呼雀躍，都覺得可以班師回朝好好休息，等着領賞了。可誰也沒想到，這時候宋太宗卻宣佈：繼續北上攻打遼國，收復當年被石敬瑭割讓的幽州！

這道命令一下，大家全都大眼瞪小眼，滿腦子問號。大家可以想像一下，上了一星期的課，好不容易等到了週五，偏偏老師宣佈這週不休息，週六週日繼續上課，你們受得了嗎？宋軍將士當時就是這種感受。

宋太宗也不是不知道將士們的感受，可他堅持繼續進兵。宋太宗知道，好多人都不服氣自己當皇帝，所以必須打出點名堂來證明給他們看看。再加上之前宋軍把遼軍打敗過一回，他覺得這時候進攻遼國、奪回燕雲十六州是很有希望的，如果成功的話，自己的功業可就一點都不比哥哥差了。

皇帝發了話，不敢不去啊。將士們沒辦法，只能硬着頭皮繼續進軍，心裏卻都老大不樂意。

一開始，宋太宗想要速戰速決，他調集了全國的精兵強將，想一舉攻破幽州。宋朝大軍 5 月才滅了北漢，6 月就趕到了幽州城外，而且一上來就打贏了幾場小戰鬥，把遼軍堵在城裏不敢出來。

宋太宗對己方的兵力很有自信，根本沒安排甚麼防禦和撤退的策略，只是一門心思攻城。他還想盡了各種花招，比如派士兵趁着夜色去爬幽州的城牆，挖隧道搞「地道戰」，還對守城的遼軍許諾金銀財寶，企圖招降他們。這些計策看起來熱鬧，可惜都沒有起到明顯的作用。

宋軍把幽州城圍困了快二十天，卻還是沒能攻下來。遼軍一開始挺害怕，看宋軍拿不下幽州，膽子就漸漸大了，鬥志越來越旺盛。另一邊，宋軍將士們出征時就很累了，現在眼看幽州打不下，反而損兵折將，士氣越來越低落，打仗也越來越不肯賣力。

就在這時候，遼國的援軍趕了過來，決戰的時刻到了。宋遼兩軍在高梁河（今北京西直門外）展開了激戰。本來宋軍兵力更強，但因為士氣上差了一些，始終無法徹底擊退遼軍。

有個叫耶律休哥的遼國將領敏銳地看出了宋軍的弱點：宋軍以步兵為主，而且缺乏防禦部署。於是，耶律休哥命令遼軍騎兵從兩翼包抄，夾擊宋軍。為了迷惑宋軍，耶律休哥還想出一個辦法，他讓遼軍人人都手持火把，以便讓宋軍看不清遼軍到底有多少人。宋軍在戰場上疲於奔命，不僅不能休息，還發現敵人居然越打越多，自己也就越來越沒有打勝仗的信心了。

耶律休哥身先士卒，猛攻宋軍，儘管身上多處受傷，也沒有停下進攻的腳步。他的英勇感染了遼軍，遼軍作戰更加奮勇，再加上他們的騎兵對

上步兵本來就有很大優勢，在戰場上橫衝直撞，打得宋軍毫無還手之力。

幽州城裏的遼軍聽說援軍到了，也拚了命地從城裏衝出，和援軍裏外夾擊，給宋軍造成了大量傷亡。最終，宋軍全線潰敗，死傷萬餘人，殘兵連夜後退，丟棄的軍備、物資、糧草不計其數。

宋軍將士們自顧不暇，也就沒人照料皇帝了，趙光義與親信將領們走散，身邊只有少量近衛，情況十分危急。據說，衛士們無奈之下，趕緊找了一輛驢車請趙光義乘坐。趙光義也沒辦法，上了驢車，連夜逃回到宋朝境內的涿（zhuó，粵音琢）州。

「高梁河之戰」的失敗對宋遼關係影響深遠。從此以後，宋朝再也沒能打敗遼國，只能坐視遼國不斷強大，頻繁威脅自己的邊境。

契丹的文字

每個民族都有獨特的文化，而文字無疑是民族文化的重要載體。契丹文字是契丹人參照漢字創建的，在遼國二百多年的歷史裏，一直是遼國的官方文字。可惜的是，契丹文字已經湮沒在歷史之中，目前已經成了死文字（沒有人使用），現代學者僅能解讀出一些零星的詞語。

▲契丹銀幣，上面的文字一直未被破譯出來

當時的世界

979 年，「高梁河之戰」。980 年，擁有「北歐海盜」之稱的維京人在航海途中發現了世界上最大的島嶼 —— 格陵蘭。

遼世宗平叛

偏心嫲嫲和孫子的戰爭 ......

　　絕大多數長輩都會格
外疼愛孫子孫女。不過遼世
宗耶律阮的嫲嫲可不一樣，她討厭
死自己的孫子了。

　　耶律阮的嫲嫲叫述律平，她是遼太祖耶律阿保機的妻子。
述律平雖然是女子，但心狠手辣起來可一點也不比男人差。當
時，契丹人分成各個部落，通過選舉的方式推舉可汗。阿保機
當上可汗後，想把自己的汗位一直坐下去，但他也知道各部落都會反對。
這時候，述律平獻給阿保機一條「鴻門宴」的計謀：邀請各部首領前來
赴宴，等他們都喝醉後，讓早已安排好的伏兵一擁而上，把他們全部殺
死。阿保機就這樣除掉了所有的反對者，統一了契丹各部。阿保機建立契
丹國後，為了感謝述律平的功勞，自己稱「天皇帝」，封述律平為「地皇
后」，兩人共同治理國家。

阿保機去世後，述律平為了防備大臣們專權，殺了許多重臣給阿保機殉葬，還藉口說他們都和先帝關係親密，讓他們去陪先帝。有一位大臣趙思溫當着滿朝大臣向述律平發問：「先帝最親近的人是太后您，您為甚麼不去殉葬？」趙思溫本來想將她一軍，沒想到述律平不但對別人狠，對自己也狠，她當場揮刀砍下自己的右手，讓人把它送到阿保機的棺材裏，代替自己殉葬。這下所有大臣都被鎮住了。

該殺的都殺完了，得立新皇帝了。述律平和阿保機一共生了三位皇子，長子耶律倍聰慧溫和又精通漢學，次子耶律德光智勇雙全，幼子耶律李胡兇狠殘忍。本來按嫡長子繼承制，耶律倍早早就被立為皇太子，稱號是「人皇王」。可是述律平卻覺得耶律倍太親近漢文化了，人也很軟弱，因此不想讓他當皇帝。這天，述律平把大臣們都叫到一起，讓耶律德光和耶律倍騎着馬停在兩邊，然後故意裝出一副很為難的樣子對大臣們說，兩個孩子都是她的寶貝，她也不知道該讓誰當皇帝了，大臣們想推舉誰，就去抓住那個人的馬韁吧。

大家可以想想看，耶律倍本來就是名正言順的太子，只要述律平不反對，就應該是他即位，哪用得着讓大臣們推舉？大臣們都看出了述律平的真正目的，之前也都領教過這女人的狠辣，心想要是再擁護耶律倍，估計這女人還得再搞一次殉葬。沒辦法，大臣們只能紛紛喊着「我們推舉德光」，簇擁到耶律德光身邊。耶律倍心裏更是明鏡一樣，他知道自己鬥不過母親，只能也推舉弟弟做皇帝。

就算這樣，述律平還是對耶律倍不放心，把他趕到東丹國駐守，又嚴密監視他，還架空了他的權力。耶律倍實在受不了了，他覺得再這麼下

去，早晚會被母親害死，於是離開東丹，流亡到後唐去了。後來後唐發生兵變，耶律倍也被殺了。

耶律德光當上了皇帝，這就是遼太宗。十幾年後，耶律德光也病逝了，需要大臣們一同推舉新皇帝。大臣們知道述律平一直想讓小兒子耶律李胡當皇帝，但是耶律李胡性情暴虐，非常不得人心。相反，耶律倍留在遼國的兒子耶律阮性格寬容，名聲很好，連遼太宗都很喜歡這個姪子。

大臣們倒未必有多擁護耶律阮，關鍵是受夠了述律平的專橫，要是讓耶律李胡當上皇帝，別說自己沒好結果，連整個遼國都不知道要被糟蹋成甚麼樣。巧的是，遼太宗是在出征途中去世的，述律平不在軍中，大臣們趁機在遼太宗的靈柩（jiù，粵音舊）前一致推舉耶律阮當皇帝。耶律阮就在鎮陽（今河北省）正式登基了，後世稱為遼世宗。

述律平此時留守在京都，正做着讓寶貝兒子李胡登基的美夢呢，卻忽然收到耶律阮登基的消息。這時她都是快七十歲的老太太了，可是脾氣一點也不比年輕時小，頓時勃然大怒，恨不得親自衝到鎮陽殺了耶律阮，再讓所有大臣都去見阿保機。述律平立刻催李胡率軍出征，可李胡打起仗來就是個草包，沒多久就被打敗了。述律平還不甘心，居然親自領兵出征。

眼看着祖孫雙方就要打起來了，這時候，大臣耶律屋質不顧自身安危出來調停。他先是去見述律平，說：「李胡和耶律阮都是太祖與太后您的子孫，國家並沒有落入外人之手，您何必這麼固執？我願意代表您去議和。」總算勸這祖孫倆坐下來談談。

雙方見面後，耶律屋質先是指責述律平當年處事不公道，又批評耶律阮擅自登基不講理，雙方都有過失，必須各退一步，才能保持和平。之後，耶律屋質又轉達了大臣們的意見，表示了大臣們擁立耶律阮的決心。述律平看這麼多大臣都站在孫子那邊，又估計以自己的兵力真打起來也沒把握取勝，只能讓步，認可了耶律阮的皇位。

就這樣，遼世宗終於戰勝了自己的嫲嫲，掃清了坐穩皇位的最大障礙。但祖孫倆的戰爭並未就此停止，世宗登基後，述律平還是憤憤不平，總是想拉着李胡搞政變。世宗終於忍無可忍，把叔叔和嫲嫲遠遠地打發到邊關去了。

然而，貴族中反對耶律阮的勢力一直都沒有平息。貴族們和耶律阮的根本矛盾在於，從馬背上起家的游牧民族建立起國家後，到底應該走甚麼樣的發展道路。

耶律阮代表的是改革派，他汲取了遼太宗佔領開封卻無功而返的教訓，認為遼國必須「漢化」，也就是學習漢族先進的官制、文化、生產技術，才能發展成為興盛的帝國。他研習漢學，重用漢人。而遼國貴族中更多的卻是守舊派，他們以往都跟着遼國皇帝征戰四方，瞧不起總是吃敗仗的漢人，更別提向漢人學習了。遼世宗重用漢人，在守舊派眼裏簡直是不可饒恕的背叛。

正因如此，世宗在位時期，叛亂此起彼伏，耶律天德和耶律劉哥、蕭翰和公主阿不里等人相繼作亂，世宗平了這個平那個，可他終究防不勝防，還是在南征的路上被貴族耶律察割殺害，去世時年僅三十四歲，在位僅僅五年。

世宗去世後，叛臣耶律察割不久也被誅殺，皇位又傳到耶律德光的兒子耶律璟（jǐng，粵音境）手上，這就是遼穆宗。穆宗是有名的「睡王」，他殘忍嗜殺，太愛睡覺，導致政務處理得一塌糊塗，遼國國力因此衰退，被周世宗柴榮趁機收復了好多地方。

眼看着再不改革，遼國就要和之前的許許多多個游牧民族一樣，湮沒在歷史的風沙裏了。就在這時，一位天才政治家橫空出世。在她的帶領下，遼國將迎來最繁榮的時期。

知識加油站 制度

遼國的「一國兩制」

遼太宗耶律德光統治時期，對轄區內的契丹人和漢人施行「因俗而治」，專門設了北面官和南面官。在北方地區推行游牧民族制度，用本民族的制度管理契丹人；在南方地區發展農耕，用中原制度管理漢族人。

蕭太后攝政

遼國的女中豪傑 ......

　　大家是不是早就發現了，我們書裏講的大多數故事，都是以男性為主角的。那麼，女性在歷史上就注定籍籍無名嗎？當然不是！比如前面講過的唐代的武則天，這回要講的著名的軍事家、政治家、改革家——遼國的蕭太后，都是歷史上有名的女性。

　　蕭太后叫蕭綽，是遼國重臣蕭思溫的女兒，她還有一個很可愛的小名——蕭燕燕。蕭綽小時候就和別的孩子不一樣，她和姐妹們一起掃地，姐妹們沒掃兩下就紛紛丟開掃把跑去玩了，只有蕭綽認認真真地把地面打掃乾淨。她的父親看到以後感慨地説：「這孩子以後一定能成大事啊！」所以請大家記住，想要長大以後有出息，先從認真打掃做起，這叫「一屋不掃，何以掃天下」。

　　蕭綽慢慢長大了。她的父親蕭思溫在睡王遼穆宗被殺後，幫助遼世宗的二兒子耶律賢即位，也就是遼景宗。遼景宗耶律賢便娶了蕭綽為妻。照常理説，遼景宗是一國之君，掌管着所有國計民生的大事；蕭綽的任務是管理好後宮，不讓皇帝為家裏的事煩心。然而，遼景宗從小就在動盪的宮廷生活，目睹了太多殘暴的事，飽受驚嚇，一直體弱多病，實在沒精神治理朝政。蕭綽在治理朝政上倒是很能幹，景宗就把刑名賞罰、軍事政務的大權統統交給蕭綽，自己安心休養。

　　在景宗的支持下，蕭綽開始大展身手。她經常召見大臣商討政務，綜合各方意見，再作出種

種判斷。遼景宗心胸也很寬廣，只要是蕭綽做的決策，他都一律支持。後來，景宗乾脆告訴大臣們，皇后說的話和皇帝說的話有同等的效力，大臣們要聽皇后的話，就像聽皇帝的話一樣。

就這樣過了十幾年，遼景宗在一次狩獵途中突然去世，臨終前他把皇位傳給自己和蕭綽的兒子耶律隆緒，並讓蕭綽輔政。隆緒這時候才十二歲。前面給大家講過，少年皇帝剛即位時最危險，這叫「主少國疑」，孤兒寡母空有「太后」和「皇帝」的名號，勢力卻很弱，太容易被權臣搶走皇位。遠的不說，趙匡胤就是這樣當上皇帝的。蕭綽母子也是這樣，遼國那些皇親貴族大部分都掌握着兵權，萬一有人動了起兵奪位的心思，他們一點辦法也沒有。

好在蕭綽已經掌權十幾年，經驗十分豐富。她先是打感情牌，召集起大臣們，在他們面前哭着表示：「我們孤兒寡母無依無靠，國內很多人擁兵自重，外面又與宋朝開戰，這可怎麼辦啊？」大臣們只能發誓說沒有別的想法，又安慰她：「您只要信任我們，就不用擔心了。」

在這之後，蕭綽又把軍權交給耶律休哥，讓他提防南面的宋朝；把內政交給姪女婿耶律斜軫（zhěn，粵音診），讓他重點提防那些契丹貴族，防備他們結黨營私。她還清洗朝局，罷免了一大批不服自己的大臣；同時大赦天下，文武官員各晉爵一級，並在老百姓中建立好名聲。

遼國前幾次皇位更替，都伴隨着血腥殺戮，像遼世宗、遼穆宗都是死於非命。蕭綽認為，這是由於皇親貴族們的權力太大。她聽取了韓德讓的建議，命令諸王都回到各自的封地，不許私下勾結。不久後，她又奪取了宗親們的兵權，還把他們的孩子放到皇宮做人質。從此，遼國皇帝終於可以睡個安穩覺，不用擔心在睡夢中被人謀害了。

前面說過，當時遼國面臨着「是否向漢人學習」的問題。蕭太后最大的功績正是帶領遼國完成漢化。她革除了不利於國家發展的游牧民族風俗和制度，重用漢臣，任命漢人中有才能的人和遼人一起參與政務；借鑒宋朝的科舉制度，從平民百姓中選拔賢能；興修水利，勸課農桑，讓百姓的生活蒸蒸日上。

在軍事上，蕭綽也展示了傑出的才能。前面講過「驢車皇帝」趙光義，他從高梁河兵敗回去後，越想越不服氣，一直想來報仇。後來他得知景宗去世，就趁着遼國政權不穩的時候調集大軍，兵分三路北上前往宋遼邊境，史稱「雍熙北伐」。可惜，他低估了蕭綽這位對手。蕭綽接到宋朝大舉進攻的消息後，先是派出大將耶律休哥、耶律斜軫前往迎戰，隨後她又親自率軍上前線督戰。宋軍輕敵冒進，內部也勾心鬥角，被遼軍一擊即潰。宋軍中有一位號稱「無敵」的名將楊業，作戰勇猛，最後卻含恨戰死。這就是民間流傳的「楊家將」故事的起源。

就這樣，蕭綽蕭太后帶領遼國打了個大勝仗。而這還只是她傳奇功業的一小部分，她還主持了另一場更驚心動魄、影響深遠的戰鬥。

知識加油站　科學

蕭太后河

　　相傳蕭太后出征駐紮在遼國的「南京（今北京市）」時，口渴難耐，卻找不到水源。戰爭結束後，蕭太后就主持開鑿了一條運河，既解決附近水源問題，又便於運輸軍糧。後人將這條河稱為「蕭太后河」。這是北京歷史上第一條人工運河，至今仍是北京東部的重要河流。

党項族崛起

西北鄰居來敲門 ·····················

　　大家去過我國的西北地區嗎？那裏有雄奇壯美的山巒（luán，粵音聯）、浩淼如海的沙漠、多姿多彩的塞上江南……在宋代，那裏活躍着一個很有名的游牧民族——党項族。

　　党項族的前身是羌族，早在魏晉南北朝時期，党項族就棲息在黃河邊上，逐水草而居，形成了幾個互相獨立的部落，過着游牧生活。隋唐以後，中原地區進入大一統的時期，百姓生活逐漸好轉，吸引了党項人南遷。尤其是唐太宗時期，對少數民族採取安撫策略，党項的一些部落乾脆整個歸降了唐朝。在後來的「黃巢之亂」裏，党項族首領拓跋思恭還曾經率兵救援唐僖宗，立下了很大的功勞。為了回報党項族的貢獻，唐朝皇帝賜國姓「李」給党項族的首領，幫助他們向溫暖的南方遷移，對他們採取懷柔政策，雙方相安無事。

　　到了北宋時期，宋太宗延續了唐和五代時的政策，給党項族首領李繼筠（yún，粵音雲）封了大官。李繼筠去世後，党項的首領之位本該輪到李繼捧繼承，卻遭到了党項貴族們的反對。李繼捧很生氣，索性放棄繼承權，帶着人馬去投奔了北宋，還一股腦兒地把党項族的銀州、青州等五座城池送給了宋朝。宋太宗樂得眉開眼笑，給李繼捧改名為「趙元忠」，封他做了高官，重重地加以賞賜。宋太宗還希望党項族的貴族們能統一前往開封接受賞賜，其實就是哄他們來開封做人質。

　　李繼捧的行為在宋朝看來是忠義之舉，但是在其他党項族看來，他卻是個不折不扣的賣國賊。李繼捧有個遠房堂弟叫李繼遷，性格剛烈，善於騎射。他對李繼捧投奔宋朝的行為非常憤怒，認為宋太宗想把貴族們哄進京城，明擺着就是要趕盡殺絕。為了不被宋朝使臣抓住，李繼遷開始了一場驚險大逃亡。

　　這天一大早，李繼遷就命令隨從們大肆散佈他乳母亡故的消息，他還披麻戴孝，設置靈堂，做出一副要辦喪事的樣子。實際上，他將自己的

心腹都安插在送葬的隊伍中，並將兵器藏進棺材和車駕，假借護送乳母遺體前往城外的名義，輕輕鬆鬆騙取了城門守軍的信任，大搖大擺地出了城門。剛一出城，他就帶着隨從們迅速取出兵器，直奔三百里外的地斤澤（今內蒙古鄂爾多斯），想建立一個與宋朝抗衡的政權。

要建國，總得有人參與吧？可是在李繼遷剛逃出去的時候，貴族們嫌他勢單力孤，根本沒有人願意跟隨他。李繼遷想了個辦法，他把党項族

先祖拓跋思忠的畫像掛了出來，激發貴族們的雄心。果然，眾人看到祖輩的英姿後，大受震動，甚至下跪流淚以表忠心。其他部落也都紛紛前來歸附，李繼遷的實力迅速壯大起來。

宋太宗一開始沒把李繼遷放在心上，他給李繼遷寫信，許以高官厚祿，想讓他歸順朝廷，去開封享福。但李繼遷卻說，自己寧願守在邊疆苦寒之地。不久，李繼遷開始試探性地進攻宋朝。他先是攻佔了夏州西北部，取得了小規模的勝利。嚐到甜頭後，他又率領軍隊不斷騷擾宋朝的西北邊境，把宋太宗惹怒了。宋太宗派兵巡查保衛邊境地帶，一番交手之後，李繼遷連番大敗，損失慘重，丟了根據地，連妻子和女兒都被抓走了。

對此時的李繼遷來說，宋朝實在是太強大了。李繼遷的軍隊每次進攻，大宋都像是被蚊子叮了一口，根本就不痛不癢，而李繼遷的部落卻損失慘重。就這麼苦戰了好幾年，李繼遷的事業始終沒甚麼起色。於是他決定換條思路，先找個靠山再說，就這樣把視線投向了北方的遼國。

大宋雍熙三年（986 年），李繼遷精心準備了豐厚的禮物，派使者去覲（jìn，粵音僅）見遼國皇帝。這時候的遼國是前面講過的蕭太后和遼聖宗主政，遼宋之間摩擦不斷。遼國見党項族主動前來投靠，大喜過望，毫不猶豫地接受了李繼遷的請求，準備扶持党項族，待時機成熟時，前後夾擊宋朝。蕭太后不僅封李繼遷做了大官，還把遼國的義成公主嫁給了他。

有了「岳丈國」的支持，李繼遷的腰桿一下子就挺直了。他厲兵秣（mò，粵音 mut3）馬，重整軍隊，不斷出兵侵擾大宋邊界。宋太宗聽了趙普的建議，把李繼捧安排到邊境，讓他們哥倆自己打架去。他們多次交戰，各有勝負。李繼捧多次試圖勸說李繼遷都無功而返，反而不斷被李繼遷佔領地盤。

後來，李繼遷寫信給宋太宗，假裝自己要歸順朝廷。宋太宗很高興，以為党項族終於被徹底打服了，馬上封他做了大官，還給他賜名為「趙保吉」。結果，李繼遷收錢不辦事，剛接了大宋的賞賜，轉過頭來又開始進攻。宋朝邊境的靈州（今寧夏回族自治區靈武市）水草豐美，位置重要，具有極高的戰略價值。李繼遷多次攻打靈州，屢遭失敗依然鍥而不捨，終

於佔領了繁華富饒的靈州城，並把這裏作為新的根據地。

在對宋朝的戰爭有了起色後，李繼遷又去進攻西邊的吐蕃（bō，粵音播）和回鶻（hú，粵音 wat6），結果不幸負傷身亡了。李繼遷雖然是党項族的首領，但他並沒有建立起一個獨立的國家，直到去世，他的身份都還是宋朝的夏州刺史。党項族建國的大業，看來注定要留給後人來完成了。

靈州與「塞北江南」

李繼遷久攻不下的靈州，位於寧夏北部，在黃河「几」字形地帶，有「塞北江南」的美稱。大家都知道，黃河是我們的母親河，她發源於巴顏喀拉山脈，呈「几」字形向東流去，最終匯入大海。黃河的「几」字形地帶常年受黃河水的沖積，形成了河套平原。這裏水源充足，氣候適宜，可種植水稻、楊柳，秀美的風景可以與江南地區相提並論。

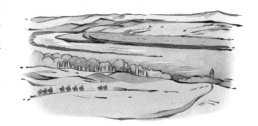

當時的世界

988 年，基輔羅斯大公（統治者）弗拉基米爾一世迎娶東羅馬帝國的安娜公主，使得基輔羅斯的統治者開始以東羅馬帝國的繼承人自居，東羅馬帝國的文化也由此傳到了基輔羅斯。989 年，蕭太后將義成公主嫁給李繼遷，並封李繼遷為夏國王。

王小波李順起義

一場由茶葉引發的起義 ·············

　　前面說到，宋太宗趁遼國主少國疑之際發動「雍熙北伐」，卻無功而返。讓宋太宗沒想到的是，不僅對外戰爭不太順利，大宋內部也「後院起火」。在有「天府之國」美譽的四川，一場轟轟烈烈的農民起義運動正在醞釀之中。

　　四川位於中國的西南，是一塊盆地，周圍全是崇山峻嶺，就好像天然圍了一圈高牆一樣，外面的人想打進來很困難。所以，唐末的「黃巢起義」、五代十國的戰火都沒怎麼威脅到這裏。許多達官貴人、王孫公子為了躲避戰亂，也都選擇逃到四川。五代十國時期，這裏相繼建立過前蜀、後蜀兩個小國，後來宋太祖滅亡後蜀，把四川併入了大宋的版圖。這一下可賺翻了。四川富足到甚麼程度？北宋朝廷花了十幾年，強拉大量老百姓拚命搬運，才把後蜀國庫裏的金銀財寶、錦帛綢緞全都搬到開封。

　　可是，再有錢的地方也招架不住十幾年的掠奪。四川當地盛產茶葉，北宋朝廷為了牟利，在當地實行榷（què，粵音各）茶制度，說白了就是壟斷。假如你是茶農，你生產完茶葉，必須全部

賣給朝廷設立的榷山場，再由榷山場轉賣給茶商。一旦發現有人私自販賣，就會嚴厲處罰。朝廷還規定，茶葉只能在一定地區販賣，每經過一地，都要向當地關卡交稅，有時交的稅居然比運費還高。這麼一來，茶農辛辛苦苦種出茶葉，卻根本賺不到甚麼錢。

宋太宗在位時，四川一帶又遭遇了旱災，很多百姓都餓死了。這時候，一位叫王小波的茶農，終於帶領大家揭竿而起。他召集了一百來個農民，告訴大家，老百姓們之所以過得這麼苦，是因為貧富不均，所以要起來反抗宋朝的統治，把地主們的錢都分給平民。大家一聽，都覺得挺有道理，就紛紛加入起義軍。

他們的隊伍從青城出發，迅速攻佔了青城、彭山兩個縣城。彭山縣令齊元振平時愛財如命，搜刮了大量民脂民膏，百姓們被折騰得苦不堪言。王小波帶領大家殺掉了齊元振，將他橫徵暴斂的財產都分給了窮苦的老百姓。老百姓們見王小波言而有信，就踴躍參與起義，隊伍很快擴展到一萬多人。

朝廷見勢不妙，迅速派官兵前來鎮壓。王小波的隊伍先後在邛（qióng，粵音窮）州、蜀州（今四川省邛峽市和崇州市）等地與官兵作戰，大家沒有退路，所以作戰非常英勇，取得了節節勝利。打到江原縣（今四川省崇州市江源鄉）的時候，朝廷守將張玘（qǐ，粵音喜）放箭射殺起義軍，王小波一不小心，前額中了冷箭。但他忍住劇痛，抹了一把沾滿鮮血的臉，繼續進攻，就這樣殺掉張玘，攻佔了江原。

起義軍雖然打贏了這場戰鬥，可王小波還是因為傷勢過重去世了，他的妻弟李順接替他扛起了起義大旗。李順一向很有才能，深受大家的愛戴。他成為領袖後，選用賢才，撫慰百姓，嚴整軍紀，把起義軍治理得井井有條。起義軍走到哪裏，都受到當地老百姓的熱烈歡迎。他們先後佔領了永康、雙流、新津等好大一塊地盤（今四川省都江堰市和廣漢市），後來連成都都攻佔了。

淳化五年（994 年）正月，起義軍在成都建國，國號「大蜀」，李順號稱大蜀王。這時，起義軍的人數已經達到數十萬，不再是北宋的疥癬之疾，已經成為心腹大患了。

宋太宗頭痛不已，緊急派遣心腹太監王繼恩前去平叛。得知王繼恩率數十萬大軍想取道陝西進入四川的消息後，李順命令楊廣前去守衛劍門，結果慘遭劍門官兵和王繼恩大軍的前後夾擊，傷亡很大。此時起義軍主力還在攻打梓州，無力救援劍門起義軍。王繼恩一舉攻破劍門，長驅直入，直逼成都。

成都的起義軍據守城內，和朝廷官兵展開了苦戰。朝廷官兵畢竟是正規軍，久經戰陣，平時吃飯保證吃得飽，兵強馬壯。而起義軍都是貧苦的農民，平時扛的是鋤頭，吃的是野菜，穿的是草鞋，再怎麼拚命作戰，也打不過在人數、裝備上都佔優勢的官兵。一個多月後，成都被官兵攻破，李順也在城破時被殺了。

此時，起義軍的大將張餘還在戰鬥。張餘率領殘部沿着長江向東進發，攻佔了嘉州、戎州、瀘州、渝州等地方（今四川省宜賓市、重慶），隊伍人數迅速擴充，聲勢依然很大，可惜也沒有堅持多久，就都被官兵剿滅了。

轟轟烈烈的王小波、李順起義就這樣失敗了。但這次起義也警醒了宋太宗，他意識到朝廷以前對待四川的政策太過苛刻，於是發佈了「罪己詔」，承認自己指派給四川的官員太不像話，導致百姓們民不聊生、被迫造反，並承諾會汲取這件事的教訓，以後任命官員前多加考察。

不久，他安排素來有廉潔名聲的張詠前去治理四川，並叮囑他要給百姓休養生息的機會。張詠謹記太宗的叮囑，採取柔和手段治理四川，很受當地百姓愛戴。

國內的動亂平息了，北方的遼國卻又不甘寂寞，開始犯邊了。下個故事裏，讓我們一起去河南中部的澶（chán，粵音 sin4）州，領略宋真宗的風采吧！

知識加油站 文化

青城的茶葉

王小波的家鄉青城，是著名的茶葉產區，盛產「青城茶」，也稱「青城雪芽」。青城茶的茶葉小而嫩，外形有「雀舌」、「鳥嘴」、「麥顆」等類別，是茶葉中的佳品，一向作為貢品供統治者們享用。毛文錫的《茶譜》、陸羽的《茶經》都曾記載過青城茶葉的美名。

宋朝時鬥茶情景。宋朝時盛行 ▶
以鬥茶的方式品評茶的好壞。

澶淵之盟

花大錢「買」來的和平

北宋建立後，一直和遼國戰爭不斷。尤其是宋太宗滅亡北漢之後，宋朝的北部邊境就緊挨着遼國，宋遼之間沒了緩衝的餘地，戰爭一打就是二十多年。

起初，兩邊算是勢均力敵，誰也不能把對方一口吞下，宋朝甚至還略微佔一些優勢。但自從「高梁河之戰」失利、「雍熙北伐」慘敗後，宋朝的君臣再提到遼國就有點慌了，逐漸轉向防禦策略，老老實實守着邊境，不再去找遼國的麻煩。

然而，遼國已經嚐到了甜頭，他們可不願意就此收手。從遼聖宗耶律隆緒即位後，蕭太后和遼聖宗就不斷派兵前來侵擾遼宋邊境，想逐漸蠶食掉宋朝的領土。

　　此時宋太宗已經去世，當政的是他的兒子宋真宗趙恆。宋真宗年紀輕，剛登上皇位，根基還不穩，蕭太后乘機親自率領遼軍大舉進攻宋朝邊境。遼軍從河北進入宋朝境內，一開始如入無人之境，連續攻克了好幾座城市，直到在一個叫遂城（今河北省保定市徐水區）的地方才小小地吃了虧。

　　原來，遂城守將看到天氣寒冷，靈機一動，下令讓人取水在城牆上潑灑，把這座小城凍成了一大尊滑溜的冰雕。遼軍怎麼也爬不上城牆，梯子一放就滑開，只好悻悻然撤軍了。這位守將正是《楊家將》裏的楊六郎楊延昭。

　　遂城是守住了，可其他城市就沒這麼幸運了。遼國大軍每到一個地方就燒殺搶掠，劫掠了河北和山東後，遼軍才帶着戰利品心滿意足地離開。

　　宋真宗登基以後，類似這樣的陣仗不計其數，宋朝勝少敗多，總是吃虧。宋朝君臣恨極了遼國，卻又沒有甚麼打勝仗的好方法。而遼國蕭太后的胃口卻越來越大，終於決定率領大軍南下，要一舉滅亡宋朝。

　　宋真宗登基的第八年，蕭太后、遼聖宗率領二十萬遼國精銳士兵南下，逼近澶州（今河南省濮陽市）。宋朝倉促間調不來大軍，現有的士兵戰鬥力也不怎麼樣，再加上長期對遼作戰失敗留下的心理陰影，幾乎沒人看好宋朝能打贏這場仗。

　　面對十萬火急的軍情，真宗傻了眼。這時朝廷中分成兩派人馬，第一派主張趕緊逃跑，代表人物是副宰相王欽若、大臣陳堯叟。王欽若是江南人，他極力慫恿真宗逃亡到金陵（今江蘇省南京市），而陳堯叟家在蜀地，他希望真宗逃到成都去。

　　第二派人則主張應該奮戰到底，代表人物是宰相寇準。寇準可是一個不折不扣的硬漢。有一次，他在和宋太宗討論政務時說了幾句不中聽

的話，宋太宗生氣地拂袖而去，他卻死命扯住太宗的衣角，一定要把話説完。連皇帝都不怕，面對遼軍，寇準當然更不可能屈服啦！

寇準聽到王欽若他們這麼説，便故意問宋真宗：「是誰替陛下出了這個主意？他該殺頭！」又給宋真宗分析：現在宋軍無論是主動出擊還是防守，不管怎樣都必勝，為甚麼要逃到江南、蜀地這樣邊遠的地方去呢？他還鼓勵真宗御駕親征，認為這樣做能鼓舞士氣。真宗沒像太祖、太宗那樣上過戰場，心裏很畏懼御駕親征。寇準就反覆勸説真宗，甚至不客氣地催促他，連哄帶嚇，終於把真宗推到了前線。

雖説勇氣過人，但寇準可不是個有勇無謀的人，不會推着皇帝來白白送死。他研究了戰場形勢，重用打敗過遼軍的楊延昭和楊嗣，制定了周密的作戰計劃。正好這時候，遼軍主帥蕭撻凜在視察軍情的時候，被宋軍的牀弩給射死了，宋軍的士氣空前高漲。等真宗來到澶州，按寇準的建議登上澶州北城的城樓時，將士們更是激動萬分，對着他三呼萬歲，聲音在幾十里外都能聽見。真宗受到這種情緒的鼓舞，終於沒那麼害怕了，就安心在城裏住下。

此時，對面遼軍的士氣卻陷入了低谷。遼軍孤軍深入大宋，糧草補給都跟不上，蕭撻凜之死更是雪上加霜。蕭太后左思右想，派人聯絡宋真宗，開始商討議和。

這個提議正中宋真宗的下懷，他決定花錢消災，於是派大臣曹利用前去和談，還指示説：只要不割地、不打仗，就算遼國索取百萬錢財，也可以答應。寇準在旁邊聽了很生氣，他當時雖然沒反對，但曹利用前腳離開行營，他後腳就追了上去，嚇唬曹利用：「雖然皇上説一百萬也可以接受，但最終要是賠款超過了三十萬，我就砍了你的腦袋！」

曹利用也知道寇準的厲害，談判的時候堅持底線，説甚麼也不多給。所幸遼國人也想儘快結束戰爭，沒在錢數上太過執着，幾番討價還價後，雙方定下了三十萬的數字。曹利用歡天喜地地回到軍營去向真宗匯報。這時候真宗正在吃飯，就讓太監先詢問談判結果。曹利用看還有別人在場，覺得這是國家機密，不能當着其他人説出來，就伸出三根手指放在額頭上。太監還以為是三百萬兩，回去一報，把真宗嚇了一跳，親自叫來曹利

用詢問。得知只需要三十萬兩之後，真宗心裏樂開了花，連聲稱讚曹利用
會辦事，重重封賞了他。

　　就這樣，宋朝以每年付出二十萬匹絹、十萬兩銀的代價，換來了遼國
退兵的結果。這筆錢財當然又被轉嫁到百姓身上，造成了沉重的負擔。由
於澶州又稱「澶淵郡」，這個盟約就被稱為「澶淵之盟」。「澶淵之盟」雖
然讓宋遼邊境保持了一百多年的和平，卻也埋下了深遠的禍患。

知識加油站 軍事

牀弩

　　牀弩是我國古代一種威力較大的
弩，最早出現於春秋戰國，在漢代時
大規模普及，又在宋遼「澶淵之戰」
中為大宋立下奇功。牀弩將兩三張弓
合在一起，彈射力和射程都遠遠超過
單人射發的弓箭。在發射牀弩時，士
兵們需要用大錘敲擊扳機，扳機牽動
弓弦，把弩箭射向敵人。

當時的世界

　　1000 年，起源於游牧部落的匈牙利正式成為王國。匈牙利大公
伊什特萬一世在國內大力推行天主教，換取了教宗的認可，並由教
宗為他加冕，成為匈牙利國第一位國王。1004 年，「澶淵之盟」簽
訂，此後宋遼雙方百餘年都沒有發生大的戰爭。

李元昊建立西夏

不剃頭就得死

宋遼兩國頻繁交戰的時候，前面講過的党項族利用兩國之間的矛盾，在它們的夾縫中頑強生存了下來，並且在靈州生根發芽，有了越來越興旺的跡象。

李繼遷去世後，將大權傳給了兒子李德明。李德明成為党項族的領袖後不久，宋遼之間達成「澶淵之盟」，兩國修好。李德明不能再像以前那樣利用宋遼的矛盾來為党項族謀取好處，於是他採用「依遼和宋」的策略，假裝示弱，跟宋朝和遼國修復關係，接受兩國的封賞；又不斷向西攻打吐蕃和回鶻，向河西走廊進發，以拓展党項族的地盤。

李德明還專心發展党項族的經濟。他知道宋朝皇帝一個個都是冤大頭，最怕打仗，只要能用錢擺平的事，寧可多花點錢。於是李德明假裝恭敬地向宋朝稱臣，主動給宋真宗當小弟。他的如意算盤是：小弟沒錢、吃不上飯了，宋真宗不能不管吧？就這樣，党項族出產的駱駝、馬匹被運往開封，換來的是宋朝賞賜的大量錢財、布匹、糧食。

然而，党項族仍然不是一個國家，只是一個規模比較大的部落。這樣的游牧部落，生活方式上有很多落後的地方：靠天吃飯，萬一遇上天災，整個部落就得一起餓肚子；不重視禮法，誰拳頭硬、勢力大就能做領袖，這就導致他們一天到晚殺來殺去；逐水草而居，沒機會停下來發展城市，也就不會有發達的商業和完備的手工業，過不上安穩的生活。所以李德明一直有建立國家的野心。不過，他生前並沒有稱帝，完成建國大業的人是他的兒子李元昊（hào，粵音浩）。

李元昊從小就志向遠大。他十幾歲的時候，李德明派党項使者帶着馬匹向宋朝換取賞賜，但使者換回來的物品不多，李德明一怒之下，就下令處決了這個使者。李元昊認為父親這樣做不對，勸告父親說，党項族人最擅長的是放牧，讓牧民去做使者，本來就強人所難，只因為換回來的東西不夠多就殺人，以後還有誰會對他們忠心耿耿呢？聽了這些話，李德明嘖嘖稱奇，沒有想到兒子小小年紀，就有這樣的見識。

長大後，李元昊修習了兵法，愈發如虎添翼，形成了過人的膽識。他年輕氣盛，看不慣父親向宋朝稱臣，多次勸諫李德明不要繼續臣服於宋朝。他對父親說：「我們部族的財物不足以支撐人口的繁衍，沒有人口，怎麼能保衛部族的領土呢？還不如招募一些其他民族的人，僱傭他們為党項族作戰，早早侵吞鄰國，建立國家。」

　　李德明內心讚賞兒子的勇氣，嘴上卻說，党項族早先連年征戰，現在需要休養生息，況且党項族人現在能過上好日子，多虧了宋朝的賞賜，不能忘恩呀！

　　李元昊一聽這話很不服氣，他反過來問父親，党項族人自古以來就身穿毛皮、放牧牲畜、征戰四方、建立霸業，這才是英雄氣概，身穿錦繡衣服又有甚麼好處？

　　李德明一聽，覺得自己這個兒子很有志氣，就封他做了太子。大家要知道，「太子」是皇帝兒子的稱號，可李德明現在名義上只是個大官，他把兒子封為太子，顯然是有野心的。

　　李德明在五十一歲時終於吞併了回鶻，攻下了涼州，佔領了河西走廊，扼住了宋朝通往西域的絲綢之路。但他在這時候去世了，由於他生前對宋朝一直很恭順，宋仁宗不僅追封了他，還暫停了幾天朝會，和皇后一起穿着素服為他舉哀。

　　李元昊的時代終於到來了，他繼承了父親的地位，開始積極為建國做準備。他做的第一件事就是拋棄唐朝皇帝賜給党項族人的李姓，給自己改姓「嵬（wéi，粵音危）名氏」，又起了個名字叫曩（nǎng，粵音 nong5）霄。他還棄用了宋朝的年號，採用獨立的年號，來切斷党項族對宋朝的臣屬關係。

　　為了跟宋朝區分開，李元昊還頒佈了「禿髮令」，宣佈党項族人要全部剃頭，不剃頭的人就要被處死。不僅是髮型，衣服也不能放過，他規定了百官和百姓們的服飾標準，族人們只能嚴格按照規定來穿衣服。

　　為了更方便地治理國家，李元昊命人創立了一套區別於漢語的文字，要求党項人學習使用。他還仿照宋朝設立了中書省、樞密院、三司等官制，並着手整頓軍隊。

終於，在當政的第六年，萬事俱備，李元昊正式稱帝，國號「大夏」。李元昊自己當上了皇帝，也沒忘了給祖先們確立名分，他追封祖父李繼遷為夏太祖，追封父親李德明為夏太宗。由於夏國僻處西北，歷史上就稱這個國家為「西夏」。

就這樣，西夏登上了歷史舞台，成為當時宋遼之外的第三個大國。李元昊磨刀霍霍，準備大展宏圖。

西夏人的髮型

　　作為游牧民族，党項族人可沒太多時間關注髮型。他們原本披着頭髮，不戴冠也不結髮。後來，党項族人與漢族人交往逐漸頻繁，就學習漢族人的樣子結髮。而西夏開國皇帝李元昊認為，党項族人應該與漢人有所區分，就在全國推行「禿髮令」，剃光頭頂，只保留腦袋周圍的頭髮。李元昊下令，所有党項族人必須在三天內換髮型，不聽話的人會被立即處死。

宋夏三戰

來自年輕國家的三次挑戰

上一節說到，經過李繼遷、李德明、李元昊三代首領的努力，党項族建立了西夏國。李元昊這下躊躇滿志，準備帶着党項族在歷史舞台上大展拳腳。他要做的第一件事，就是跟宋朝鬧翻臉。

不過李元昊很狡猾，他知道，這種事誰先挑起來，誰就容易顯得理虧。就像兩個人打架，別人也搞不清這裏面的是非曲直，但誰先動手，大家就會覺得是誰不對。所以李元昊雖然偷偷想着要跟宋朝鬧翻，卻非要讓宋朝先跟自己翻臉。

於是，李元昊精心寫了一封信，派人去遞交給宋仁宗。信的內容大致是這麼兩件事：首先，西夏國終於成立啦，你們要承認我的皇帝地位嘍；其次，西夏和中原王朝歷史上有着深厚的淵源，大家都是好鄰居，以後也請多多關照哦。

李元昊的算盤還真打對了。宋仁宗本來是出了名的好脾氣，可收到這封信也忍不住氣得七竅生煙。在他看來，党項不過是大宋邊陲的小部落，幾十年來不斷出兵侵擾邊境，還假意歸附朝廷，騙了錢又騙了宋朝皇帝的感情，最後竟然還建國了，這簡直是欺人太甚！

宋仁宗堅決不承認李元昊的帝位，並且下旨褫（chǐ，粵音始）奪李元昊的賜姓、官爵，宣佈宋朝和西夏斷絕關係。不止如此，宋仁宗還命人在宋夏交界處貼了皇榜，鼓勵人們捉拿李元昊，凡是能獻上李元昊首級的人，能獲得大筆賞金。最後，他派出宋軍來進攻西夏。

李元昊早就做好了打仗的準備，宋軍一來，他就領兵迎敵。宋夏之間很快爆發了第一場戰爭，戰場大概在現在的陝西省榆林市一帶，當地有一座叫橫山的山脈，是西夏和宋朝的天然分界線。宋朝和西夏分別在橫山的兩邊排兵佈陣，以守衛己方的領土。李元昊從探子口中得知，環州、慶州、涇（jīng，粵音經）州、原州和熙州這些城市都有名將駐紮，兵強馬壯；只有延州一帶地形平坦、易攻難守。他當即決定集結軍隊，向延州進發。

延州的守將李士彬有勇無謀，而且脾氣暴躁，曾經殺過自己的親戚，只因為祖上立過功才沒被查辦。李元昊針對這點，派人散佈謠言，說李士彬是西夏的內應，已經接受了西夏的高官厚祿，馬上就要投降了。不料宋朝的官員很聰明，沒上他的當，反間計宣告失敗。

既然騙不倒宋軍，那就開始打吧。西夏建國的第三年，李元昊率領大軍兵臨延州城下。延州知州范雍一直被李元昊牽着鼻子走。前來增援的宋朝大將劉平、石元孫則在三川口遭到了西夏軍的突襲，經歷了連番苦戰，

最終寡不敵眾，被西夏軍隊打敗，這兩人也被俘虜了。不過，西夏的損失也很慘重，這時又忽然下了大雪，軍隊難以前行，再加上宋朝將領許德懷的偷襲，李元昊只好撤離了宋朝境內。

三川口戰敗的消息傳到開封，宋仁宗很吃驚，開始認真估量起西夏的實力。他任命夏竦（sǒng，粵音聳）、韓琦、范仲淹等人共同迎戰西夏。沒過多久，李元昊再次率領大軍攻宋，著名的「好水川之戰」就這樣爆發了。

西夏軍隊多是騎兵，相比宋朝的步兵，行進速度快，進攻勢頭猛。為了發揮這個優勢，李元昊想把宋軍先趕進埋伏圈，再慢慢收拾。於是，他把主力放在好水川口，卻另外安排了一小隊士兵前去誘敵深入。

宋朝的將領任福果然上了當，他聽說西夏軍跟宋軍在張義堡交戰，就急忙率軍趕了過去，和這一小隊士兵撞了個正着。西夏軍先是佯裝失敗，不斷退卻，任福就「乘勝追擊」，甚至連糧草和輜（zī，粵音之）重也不管了，只管埋頭往前追。追到好水川時，宋軍已經人困馬乏、飢渴交迫，任福只好命令戰士們原地休息，打算等第二天一早和預先約定的另一支宋軍會師，再共同追擊西夏軍。

第二天，任福率軍沿好水川西進，到了六盤山下，既沒有見到另一支宋軍，也沒發現西夏軍，只見到路邊有幾個封好的銀泥盒子。有士兵走過去一聽，盒子裏還發出一些聲音，好像有甚麼活的東西。他們打開盒子，只聽一陣噗噗聲，盒子裏接連飛出一百多隻帶哨的鴿子，在宋軍的頭上盤旋飛翔，就好像一團轉着圈的白雲。大家都知道，鴿子象徵着和平，可是好水川的鴿子對宋軍來說，卻意味着死亡。

這時，無數西夏士兵從山腳下、樹林裏湧了出來，向宋軍發起衝鋒。原來，李元昊早就率領十萬大軍在這裏埋伏，約定只要看到鴿子飛起，就一同殺出來。任福奮力拚殺，最終不敵戰死。這一戰，宋軍幾乎全軍覆沒，只有幾千人逃出生天。

消息傳到開封，宋仁宗與大臣們十分震驚，宰相呂夷簡驚訝地說：「我們打得一戰不如一戰，可怕啊！」宋仁宗也大為震怒，當即把韓琦、范仲淹等官員都撤了職。

其實，韓琦和范仲淹等人也很冤枉。他們一直治軍有方，李元昊對他們十分忌憚，當時民間還流行一首《邊地謠》：軍中有一韓，西賊聞之心膽寒；軍中有一范，西賊聞之驚破膽。如今宋仁宗把他們撤了職，李元昊大喜過望，又兵分兩路向宋朝發起進攻，再次大獲全勝，史稱「定川寨之戰」。西夏軍一直打到渭州，李元昊站到了渭河邊上。

不過，西夏雖然連連取勝，卻並沒得到甚麼好處，反倒因為連年征戰，消耗了大量軍費糧草，導致國庫空空如也，國內經濟崩潰，民不聊生。李元昊眼看着沒法吞併宋朝，便派人前往宋朝議和。宋仁宗也早被西夏打怕了，為了息事寧人，趕緊答應議和，自然又少不了賠一大筆錢。

慶曆四年，西夏和宋朝達成和議，西夏向宋稱臣，改稱為「夏國主」，並將所佔領的宋朝領土歸還；雙方各自歸還戰爭中擄掠來的士兵和人民，而且不干涉邊境百姓的流動；宋朝每年賜給西夏五萬兩白銀，以及大量絹、茶，逢年過節另有賞賜。這次和談史稱「慶曆和議」。

「慶曆和議」後的幾十年裏，宋朝與西夏貿易往來密切，百姓們得以過上平安的生活，然而這又是以宋朝每年支出大量錢財作為代價，「花錢買和平」成了貫穿整個宋朝的國策。

知識加油站 文學

范仲淹與《岳陽樓記》

范仲淹常年戍守邊境，是著名的政治家、軍事家，同時在文學上也頗多建樹。他最著名的代表作就是《岳陽樓記》，這是他應好友滕子京的邀請，記載修建岳陽樓一事的文章。這篇文章文辭優美，在描寫景色之外，融入了自身對政治的理想，集記敍、寫景、抒情、議論為一體，成為不朽的文學佳作。

狄青奪取崑崙關

臉上刺字的大英雄 ·

大家應該聽過一句話：英雄不問出處，意思是，決定一個人能不能成為英雄的，不是看他有甚麼樣的家庭背景，而是看他能不能建立讓人心服口服的功績。宋代就有這樣一位出身貧寒卻戰功赫赫的大英雄，他就是狄青。

前面我們多次說過，宋朝軍隊的戰鬥力不是一般的差，其中有一個重要原因就是士兵的地位太低。當時宋軍有個特別羞辱人的規矩：為了防止士兵逃跑，要給他們的臉上刺字，這樣就算士兵逃走了，也能被及時抓回來。要知道，臉上刺字是對待囚犯的刑罰，宋朝卻把它用到士兵們身上，士兵們能樂意嗎？狄青從軍也不例外，他臉上也被刺上墨字，一輩子都沒能消除。後來他立下戰功受到提拔，就被稱為「面涅（niè，粵音躡）將軍」。

李元昊背叛大宋建國後，狄青奉命前往宋夏邊境抵禦西夏軍隊。西夏士兵兇猛頑強，在戰場上所向披靡（mǐ，粵音微），宋軍很多士兵被嚇破了膽子。狄青卻從不畏懼，上了戰場經常在最前面衝鋒，還喜歡披頭散髮地戴着青銅面具衝進戰場。大家想想那場面，跟巫師請神附身一樣，西夏士兵也因此被嚇得不輕。

狄青在邊境駐守了四年，經歷了大大小小二十五場戰役，身上傷痕累累，光是被箭射中就有八次，但他從未倒下。有一次，狄青在安遠一帶作戰，受了重傷，但聽到敵人衝過來的消息後，他毫不猶豫，立刻上馬拚殺。士兵們見到主將都這樣，也爭先恐後地跟着奮力殺敵。

狄青的英勇事跡傳進了韓琦和范仲淹的耳朵裏，兩人召見他後，都很賞識他。范仲淹得知狄青沒怎麼讀過書，還特意教他讀《左傳》，教導他說：「將軍如果不懂歷史的興亡，那就是個有勇無謀的匹夫。」狄青聽取了范仲淹的建議，虛心讀書，學習了秦漢以來的兵法，變得智勇雙全。

憑藉着赫赫戰功，狄青不斷升遷，從一個小小的士兵做到了馬軍副都指揮使，這可是正五品的大官。連仁宗皇帝都特意召見他。狄青在渭州擊退了李元昊的軍隊後，仁宗就讓他繪製作戰地圖呈上來。仁宗看

到狄青臉上還留着黑色的刺青，就想讓人幫狄青除掉這些字。狄青卻回答説，多虧皇上不看重門第，根據功勞擢（zhuó，粵音鑿）升，他才能有現在的成就，他想一直留着這些刺青，給底層士兵們做個榜樣。

幾年後，嶺南有個叫儂智高的少數民族首領，帶着一夥人在廣源州造反。叛軍勢如破竹，迅速攻佔了嶺南的一大片地區，駐紮在當地的宋軍將領束手無策。仁宗一時找不到好的人選，好幾天都愁眉不展。這時狄青主動請纓，希望領兵前往嶺南平叛，以報答朝廷的知遇之恩。仁宗很是欣慰，就命令他帶兵出征。

狄青到嶺南後，沒有急着出兵，而是先仔細分析了敵我形勢。當時叛軍攻勢兇猛，宋軍內部產生了畏戰情緒，竟然有將領還沒打仗就帶兵逃跑了。狄青認為，將士們不尊重軍令是失敗的主要原因。因此，他召開大會，把這些臨陣逃跑的人按照軍法處置了。將士們受到了震動，再也不敢逃跑了。

士氣已經被激發起來了，可以開始打仗了吧？狄青卻依然不急着進攻。他先命令士兵們原地駐紮，休息了整整十天。叛軍見到宋軍沒有出兵的意思，還以為又來了個怯戰的草包，就變得麻痺大意。沒想到，第十一天，狄青整頓軍備，率軍迅速出擊，一夜之間就攻佔了地勢險要的崑崙關。緊接着，狄青帶領隊伍從左右包抄叛軍，狠狠打敗了他們，並且乘勝追擊了五十多里地，砍殺了幾千名叛軍。儂智高見勢不妙，就在城裏放了一把火，趁亂溜走了，再也興不起甚麼風浪。宋軍大獲全勝，狄青也立下了大功。

狄青不僅勇武過人，也很有遠見。儂智高剛開始作亂時，大宋的鄰國交趾提出願意借兵攻打儂智高，條件是要宋朝給點錢花。朝廷原本都同意了，狄青卻上書反對説，借外國的兵力來鎮壓國內的叛亂，就算打了勝仗，也有無窮無盡的後患，交趾到時候不一定會老老實實地撤兵，一定還會在國內興風作浪，因此不能讓交趾出兵。朝廷覺得有道理，就拒絕了交趾的提議。

由於平定了這次叛亂，狄青被擢升為樞密使，這是類似丞相的大官。在重文輕武的宋朝，一個武將能做上這樣的大官算是非常稀罕了，但狄青

卻不驕不躁，依舊保持着謙虛和謹慎。

有一天，狄青的府邸來了一位不速之客。一個陌生人前來拜見，並出示了唐朝名相狄仁傑的畫像和遺物，說要獻給狄青。狄青一開始覺得很奇怪，這個人就解釋說，狄青是狄仁傑的後裔，因此理應繼承這些東西。在當時，能和唐朝名相攀上宗親，是非常大的榮耀，狄青卻婉言謝絕了這份禮物，他坦白地告訴陌生人，自己跟狄仁傑沒有任何關係，請他還是離開吧。

這就是大英雄狄青的故事。放眼整個北宋，武將的地位一直不高，幾乎沒有哪個武將能取得這樣大的成就，狄青算得上北宋數一數二的名將了。

知識加油站 制度

狄青擔任過的樞密使是甚麼官？

樞密使這個官職是從唐代出現的，一開始，樞密使都是一些宦官，負責將皇帝的命令下達給文官，再把文官們的奏章傳遞給皇帝。到了唐末，樞密使就像宰相一樣威風。到宋朝以後，樞密使成為樞密院的最高長官，統管軍事，與宰相共同負責軍國要政。儘管樞密使負責軍事策略，卻常常由文官擔任。像狄青這樣以武將身份擔任樞密使的人，在宋朝歷史上非常稀少。

當時的世界

1053 年，狄青夜襲崑崙。1054 年，出於爭權奪利的需要，羅馬教宗和君士坦丁堡的牧首（教會領袖）互相開除了對方的教民資格，這標誌着基督教正式分裂為羅馬公教（天主教）和希臘正教（東正教）。

宋仁宗與慶曆新政

向「三冗」開刀

在前面的故事裏，宋仁宗出現了很多次。他是宋真宗的兒子，即位時才十三歲。在宋朝的皇帝中，他是比較有作為的一位。

宋仁宗崇尚簡樸，待人寬厚。相傳，大臣包拯有一次與仁宗爭論朝政時太過激動，把唾沫都噴到了仁宗臉上。仁宗卻沒有生氣，自己用袖子擦擦臉後，還是接受了包拯的建議。另一次，宋仁宗想把温成皇后的伯父張堯佐任命為節度使，包拯堅決反對，還帶領七名言官與他理論。宋仁宗生氣了，説：「節度使就是個粗官，有甚麼可爭的？」言官唐介不客氣地回答道：「太祖、太宗都做過節度使，恐怕不是粗官。」宋仁宗只好又讓步了。

宋仁宗即位時，宋朝的問題已經非常多了。前面説過，宋軍對遼、對西夏吃了一堆敗仗，基本沒贏過。國內也鬧過王小波和李順起義。宋仁宗更面臨着「三冗（rǒng，粵音俑）」的局面：冗官、冗兵、冗費。冗是多餘的意思，簡單來説，宋朝官太多、兵太多、花錢太多，朝廷的負擔非常重。

這種局面與宋朝從立國就開始實行的「重文輕武」政策有關。宋太祖趙匡胤是武將出身，奪取了皇位，他怕別的武將也會效法自己，因此一直重用文官、抑制武將。一個讀書人如果生活在宋朝，會感到非常幸福。宋朝大興科舉，讀書人只要老實讀書，就很有希望考取功名，取得做官的資格。除此之外，還有五花八門的做官途徑，比如功臣們的後代可以沾光獲得「恩蔭」的官職。

為了安放這些官員，宋朝實行「一職多官」的政策，同一個職位會設置多個官員，這就導致官員們沒甚麼事可做，朝廷卻還得照樣給他們發工資。所以，宋朝的官僚系統變得龐大而臃腫，光是官員工資就是很大一筆支出。

另一方面，宋朝的軍事實力又一直很弱。無論對戰遼國還是西夏，宋

朝在對外戰爭中都很少討到便宜，朝廷的解決辦法就是拚命擴充軍隊的數量。有些老百姓遇上天災吃不飽飯，官府為了防止他們造反，也把他們統統招募進軍隊。這樣一來，軍隊的人數越來越多，每年的軍費開支竟然要花掉稅收的百分之七十。可另一方面，朝廷害怕武將謀反，又採取了很多限制武將的措施，結果空養着大量的士兵，軍隊的戰鬥力卻低得可憐。

朝廷每年的賦稅，除掉給軍隊和官員的工資，剩下的錢又要供養皇室，又要修宮殿，又要賑濟災民，再加上要給西夏、遼國的歲幣，這些支出最終都變成了國家財政的沉重負擔。

宋仁宗下決心要改變這樣的局面。這時候，范仲淹、富弼（bì，粵音拔）等人相繼上書給宋仁宗，總結出十條改革的建議，這就是《答手詔條陳十事》。宋仁宗大喜過望，對他們的建議照單全收，並支持范仲淹等人開始大刀闊斧地改革，由於改革是在慶曆年間發生的，就被稱為「慶曆新政」。

「慶曆新政」的第一項措施就是裁撤冗官。朝廷提高了做官的門檻，規定不能隨便任命官員，對現有的官員也要有考核措施，考核中表現不好的官員要受到免職、降級等處罰。

此外就是重視農桑。皇室要裁撤不必要的花銷，少花錢，少從農民身上徵稅。各地官員們要重視農業，帶領老百姓們搞好農業生產。

推行法治也是很重要的一條。朝廷每次頒佈詔令之前，都要做好嚴密的論證，頒佈之後就要嚴格執行。不能總是隨心所欲地發佈命令，發現問題後又撤回命令，這樣會損害朝廷的信用。

這些改革措施，對朝廷官員們的利益觸動非常大。他們從此要定期接受考核，像以前那樣拿着高工資混日子的情況行不通了，他們的後代也不能再輕輕鬆鬆入朝為官了，所以一個個叫苦不迭（dié，粵音秩）。相傳范仲淹為了肅清吏治，把官員們的名冊拿過來，發現有不稱職的官員就一筆勾去，當場撤掉他們的官職。富弼擔心他下手太狠，就說：「你這一筆畫下去，這個官員的家人都要哭了。」范仲淹則回答說：「讓這一家人哭，總比讓當地每家百姓都哭要好一些！」

面對來勢迅猛的改革，舊官僚們紛紛給仁宗進讒言，誣陷范仲淹和富

弼不懷好意，説他們想合起夥來操縱朝政，甚至還説他們要造反。仁宗本來還支持改革派，但他耳根子實在太軟，見朝廷反對的浪潮越來越大，只好讓步，把改革派的幹將都貶謫到偏遠地區，反對新政的舊官僚們取代了他們的位置。這些舊官僚一上台，就把新政的措施統統廢除。「慶曆新政」僅僅維持了一年多的時間，就徹底失敗了。

范仲淹、富弼、杜衍、韓琦這些推行新政的官員，就這樣一個個被趕出了京城。好在范仲淹並不因為個人的遭遇感到鬱悶。他有一位老朋友滕子京同樣被貶到岳州，在當地重修了名勝岳陽樓，請范仲淹寫篇紀念文章。范仲淹於是寫下了流傳千古的《岳陽樓記》，文中「先天下之憂而憂，後天下之樂而樂」這兩句名言一直被後來的人傳誦。

隨着新政失敗，宋朝的情況越來越糟。但歷史的步伐不會因為舊勢力的阻撓就停止，在後面的故事裏，我們將會認識王安石，他所推行的改革在影響面、規模、效果等方面都遠遠超越了「慶曆新政」。

知識加油站 文化

飛白書

宋仁宗擅長書法，尤其擅長寫「飛白書」。飛白書的創造者是漢代大書法家蔡邕（yōng，粵音翁），他在寫字時，不把墨蘸（zhàn，粵音 zaam3）滿，而是在筆畫中露出絲絲白色，顯示出缺少墨水的枯筆寫字的效果，以此來追求書寫的趣味和美感。

夏毅宗推行漢制

西夏版的漢制改革

　　宋朝推行「慶曆新政」的十幾年後，鄰國西夏也迎來了一場變革。與對改革猶猶豫豫的宋仁宗不同，西夏的毅宗皇帝可是斬釘截鐵地推行改革。而且，西夏這次改革，從想法到實施都是皇帝本人親自包辦。

　　夏毅宗叫李諒祚（zuò，粵音做），是夏景宗元昊最小的兒子，即位時才一歲多。本來，西夏國輪不到他來當皇帝，該當皇帝的是他的大哥寧令哥。但李諒祚的母親沒藏氏為了當皇太后，就挑撥寧令哥和元昊的關係。此時的元昊變得昏庸暴虐，寧令哥早就對父親不滿，如今

沒藏氏一挑撥，他乾脆決定去行刺元昊，結果砍掉了元昊的鼻子，卻沒能當場殺死他，反過來被元昊處死了，元昊自己也很快因為受傷過重而死。在毅宗母親和舅舅的支持下，還在襁褓（qiǎng bǎo，粵音 koeng5 保）中的毅宗就成了皇帝。

　　一歲多的李諒祚當然沒法治理國家，國家大事就都由母親和舅舅作主。李諒祚的舅舅權傾朝野，飛揚跋扈，一舉一動跟真正的皇帝沒甚麼兩樣。李諒祚長大懂事後，慢慢對舅舅心生不滿。到了十二三歲時，他聽說舅舅想造反做皇帝，就用心籠絡與舅舅關係不好的朝中大臣，在他們的支持下殺掉舅舅，重新奪回了大權。

　　李諒祚親政後，就開始思考每個有上進心的皇帝都在思考的問題：怎麼能讓國家變得越來越強大呢？

　　他回首祖輩和父輩的經歷，想起德明一直和宋朝保持着良好關係，趁着和平的環境，把國家治理得興旺發達；又想起元昊窮兵黷（dú，粵音獨）武，打了無數場勝仗，卻讓國內財政空虛、百姓受苦。他由此領悟出一條道理：要想好好發展，一定得跟宋朝老大哥好好相處。為甚麼非要打仗呢？宋朝老大哥有錢、有茶葉、有絲綢，去和他們做生意，豈不是也能賺得盆滿缽滿？

抱着想和宋朝友好往來的念頭，李諒祚展開了他對宋朝的「追求」。李諒祚做的第一件事就是改革蕃禮。元昊建立西夏後，為了和宋朝劃清界線，曾經棄用了「李」這個姓氏，還強制國內百姓採用與宋朝不同的風俗禮儀。李諒祚則廢除了這些規定，重新推行宋朝的風俗禮儀，還把姓氏重新改為「李」姓。

同時，他還重用漢臣。親政第二年，李諒祚改革了西夏的官制，新增了各部尚書、侍郎、中書學士等仿照中原王朝設置的官職，還對有才華的漢人官員加以重用，支持他們推行好的治國政策。

李諒祚最有誠意的一個舉動，就是對宋朝割讓領土。宋朝和西夏邊境有條屈野河，圍繞屈野河畔二十里耕地的歸屬，西夏和宋朝吵了很多年，誰都不願意讓步。李諒祚親政後沒幾個月，就派出使臣去和宋朝重新劃定邊界，把這塊地方拱手讓給了宋朝，還向宋朝贈送了許多西夏物產。

除了這些，李諒祚也沒忘了上書給宋仁宗，表達西夏對中原文化的嚮往之情和與宋朝恢復友好往來的心願。他向宋仁宗進獻五十匹駿馬，並懇請宋仁宗賜給他宋太宗的作品，聲稱要建個藏寶閣好好儲存。他還請宋仁宗賜給他「九經」、《唐史》、《冊府元龜》等漢家典籍，以慰藉他對中原文化的仰慕之情。宋仁宗雖然沒有收下他的馬匹，但賜給了他「九經」，也允許西夏使臣在迎接宋朝使臣時穿上宋朝的衣冠。

經過幾次友好的試探，李諒祚覺得時機成熟了，就對宋朝提出了重開「榷場」的請求，希望兩國能夠恢復以前的貿易互市，重新開始做生意。

可惜的是，宋朝的情況卻發生了變化。寬厚溫和的仁宗去世了，即位的是宋英宗。英宗對西夏沒甚麼好感，再加上曾經被元昊打敗的韓琦現在做了宰相，君臣倆一拍即合，都不願意理睬李諒祚，也不答應李諒祚重開榷場的請求。後來，西夏派使臣來祝賀英宗登基，英宗也不給他們好臉色。

大家可以想像一下，假如你想和一個同學交朋友，一再地送他小禮物，跟他說好話，他卻根本不理你，你生不生氣？李諒祚也是這樣，他覺得自己已經很有誠意了，宋朝這也太不給面子了。這年秋天，他索性派兵攻打宋朝邊境，殺了幾萬人。英宗勃然大怒，派人前往西夏說理，李諒祚倒也沒對使者發脾氣，而是上表請求宋朝的原諒，還把過錯都推到宋朝守邊小官的身上。

李諒祚這樣做，並不是真的要和宋朝鬧翻，只是不想讓宋朝覺得西夏是一個任人輕侮的小國，所以才時而強硬，時而軟弱。之後的幾年，西夏對宋朝邊境的侵擾不斷。每次都是西夏先出兵犯邊，被宋朝責罵後，又迅速上表求和，並且求宋朝賞賜東西；宋朝賞賜的財物還沒焐熱呢，前去攻打宋朝的西夏士兵就又出發了。

　　這年冬天，李諒祚親自率領大軍向宋朝進發。一開始戰況還算順利，但打到柔遠（今甘肅省）時，受到了宋軍的頑強抵抗，西夏軍隊花了很大力氣才攻打下來，柔遠城裏卻只剩下一片廢墟，不能給西夏軍提供補給。後來在進攻大順時，李諒祚中了箭傷，沒多久就不治身亡了。

　　毅宗去世時年僅二十一歲，繼承人還沒有培養起來，導致西夏進入了一段後宮專權的動盪時期。而此時的宋朝，正迎來一場意義重大的變革。

「榷場」是甚麼？

　　「榷場」就是市場的意思，不過這個市場有點特殊，指的是各民族政權互相通商的市場。榷場通常開設在兩國交界的地方，雙方在政府官員的主持下貿易。商人們需要獲得官府發佈的經營許可，按照規矩入場。通過經營榷場，國家能獲得稅收，充實財政收入。北宋時期，曾經設立過面向南唐、遼、西夏的榷場。

大改革家王安石

最難的變法

前面講過，宋仁宗試圖推行「慶曆新政」，解決冗官、冗兵、冗費的困境，卻被保守派們罵怕了，再也不敢提改革的事了。他的下一任是英宗，在位不到四年就去世了，沒來得及有甚麼作為。英宗之後即位的是宋神宗，宋神宗年輕氣盛，他認識到了國家面臨的困境，下定決心改變現狀。

宋神宗景仰漢武帝、唐太宗的功績，希望把大宋也建設成海內臣服的盛世強國。可是改革說起來容易做起來難，到底應該怎麼實施呢？就在這時，改革家王安石在神宗的視線裏出現了。

王安石從小就很聰明，號稱過目不忘。他小時候跟着父親遊歷四方，見識過民間疾苦，又做過地方官，有豐富的行政經驗。他早就有改革的志向，宋仁宗在位的時候，

他就給仁宗寫過一萬多字的奏摺《上仁宗皇帝言事書》，闡述自己對於改革的設想。可惜仁宗皇帝晚年對「改革」兩個字避如蛇蠍，只想清清靜靜地維持現狀，王安石的政治才華就一直被埋沒着。後來宋英宗即位，多次徵召王安石赴京任職，王安石找了好些藉口，要麼是給母親服喪，要麼是自己有病，都拒絕了。

如今神宗登基，很想再次改革。他還沒當皇帝的時候，他的手下韓維就推崇王安石。每次韓維說出甚麼高明的見解受到宋神宗讚賞的時候，韓維都會說：「這不是我的看法，是我朋友王安石的看法。」時間長了，宋神宗覺得王安石很有才幹，等他當上皇帝後，就把王安石任命為江寧府知府，幾個月後又召入朝廷。

宋神宗見到王安石，問他：「治理國家應該最先做甚麼事？」王安石回答：「首先要選擇推行的政策。」宋神宗問：「唐太宗怎麼樣？」王安石張嘴就回答：「陛下應當效法堯、舜，何必要效法唐太宗呢？」

宋神宗一聽，吃驚不小。中國歷史上一直有推崇上古時代的風氣，人們都認為堯、舜等傳說中的上古帝王是最偉大的。宋神宗本來覺得，能做出唐太宗那樣的成就已經夠偉大了，沒想到王安石直接讓他向堯、舜看齊，於是趕緊說：「你這可是為難我了，你先盡力輔佐我，我們共同往這個目標努力吧！」

在宋神宗的支持下，王安石開始了轟轟烈烈的變法。這場變法發生在熙寧二年，因此也被稱為「熙寧變法」。變法的核心思路是富國與強兵。富國指的就是一些能夠為國家增加收入的財政措施，例如青苗法、募役法、方田均稅法、農田水利法等。

以青苗法為例，每年的 2 月和 5 月，農民們儲存的舊糧已經消耗殆盡，新一年的糧食卻還不到能收割的時候，王安石就讓官府出面借給農民們糧食和錢財；等到夏秋時節，作物成熟了，農民再把借官府的糧食和錢財還回去，並且繳納一定的利息。這一進一出之間，國家沒有加重對農民的稅收，但是有了利息收入，也能給國庫多賺錢。

募役法是減輕百姓徭役負擔的妙招。古代統治者動不動就要修城牆、修水利、修廟宇、修宮殿，需要大量的勞動力，平民們被逼着無薪工作，

這就是徭役。有錢人社會地位高，往往能享受到免於服役的特權。老百姓們只好放下地裏的莊稼來賣命工作，卻沒人給工資，還要被監工們恣意打罵，苦不堪言。王安石就制定了募役法，規定官府可以僱人來服役，工人的工資由當地的居民們分擔，原本不用服役的地主、僧人等，也要繳納役錢。這樣一來，原本不用服役的富人們也要花錢才能免除徭役；也有一部分老百姓寧願花錢而不願服役，這樣就能專心種莊稼。靠着收募役錢，官府又多了一筆收入。

強兵是以提升軍隊戰鬥力為目的而推行的一系列改革措施，例如保甲法、裁兵法、置將法等。前面說過，宋朝一直有「重文輕武」的風氣，還有許多束縛武將的規定，比如更戍法，意思就是定期輪換軍隊裏的士兵，導致將軍和士兵們之間互不熟悉，就談不上甚麼團結一心。王安石認為這種做法造成「兵不識將、將不知兵」，嚴重削弱了軍隊的戰鬥力，就轉而推行置將法，讓將軍能夠始終和特定的士兵們綁在一起，讓他們相互了解，上下一心，以提升戰鬥力。

此外，王安石還淘汰了年紀過大和身體不好的士兵，將大量冗餘的軍事據點精簡合併，這樣雖然減少了士兵的數量，卻提升了軍隊的整體實力。

王安石變法從熙寧年間開始，掀起了長達十幾年的改革浪潮，對宋朝的命運產生了深遠影響。朝廷的錢包變鼓了，國庫裏的錢可以源源不斷地花上至少二十年。在王安石的支持下，宋朝發起了對吐蕃的進攻，拓展了兩千餘里的國土，實現了宋朝軍事史上空前的大捷，取得了與西夏對峙的有利形勢。

然而，改革必然會觸犯到一部分人的利益。從變法的第二年起，保守派就開始不斷攻擊王安石，攻擊變法的種種措施。另外，王安石在推行變法的過程中太過心急，導致很多辦法初衷是好的，實施起來卻變了樣，反而傷害到了百姓的利益。他所提出的種種給國家儲錢的方法，實際上是從百姓錢包裏拿出錢來充實國庫，讓百姓們的生活更困苦了。

王安石性情剛直，銳意進取，對這些讒言毫不在乎。他曾說，天災不值得害怕，祖宗的規矩不值得堅守，人們的流言不值得畏懼。這就是「三

不畏」。可惜，變法的弊端越演越烈，讓他的朋友越來越少，政敵越來越多。官員們整天上書給神宗罵他，神宗的母親和嬸嬸也拉着神宗哭訴王安石的壞處。

到了最後，連宋神宗都動搖了，甚至一度罷免了王安石的官，把他打發到了外地。雖然神宗後來又把王安石調回京城，重新任命他當宰相，但也不像以前那樣毫無保留地支持他了。

宋神宗去世後，宋哲宗即位，重用反對變法的司馬光等人，把王安石變法的措施全部廢除了，史稱「元祐更化」。不久之後，王安石病逝了，變法徹底劃上了句號。

知識加油站 科學

水運儀象台

　　宋哲宗年間，由蘇頌、韓公廉等人設計、製造出了世界上最早的天文鐘——水運儀象台。這個儀象台類似我們如今的天文台，它高約 12 米，寬約 7 米，共分為 3 層，上層的「渾儀」用於觀測日月星辰的位置，中層的「渾象」通過機械裝置旋轉，用於演示天體運行，下層的「司辰」則是自動報時器，可以精準報時。這個水運儀象台以水力驅動，水轉動機輪，使整個儀器可以按部就班地運轉起來。

當時的世界

　　1066 年，法國諾曼第公爵威廉率軍渡過英倫海峽，並在黑斯廷斯擊敗了哈洛德二世，征服了英國。1069 年，王安石開始實施變法。

司馬光與《資治通鑒》

政治家的教科書 ····················

　　大家看了這麼多皇帝的故事，那你們有沒有想過，他們是怎麼學習當皇帝的？古代可沒有一本書叫《如何做皇帝》，也沒有哪個老師能教好這門課。

　　不過，他們還是想出了辦法：從歷史上那些英明的皇帝身上學習如何治國。古代沒有攝影機，沒有錄音筆，那些治國的辦法都由史官們記錄下來編成史書。北宋大臣司馬光就編出了這樣一部史書。

　　上個故事給大家講了王安石變法，變法中最有名的反對派正是司馬光。你也許不會想到，司馬光和王安石雖然是勢不兩立的政敵，以前卻曾是很好的朋友，只是因為政見不合才漸行漸遠。

　　司馬光是在河南光州出生的，當時他父親司馬池在那裏擔任縣令，於是就用地名給他起名。司馬光七歲的時候看起來就像大人一樣端莊穩重。他從小就喜歡讀書，無時無刻不拿着書在讀，甚至到了不分晝夜的地步。但他並不是個書呆子，而是有着靈活的頭腦。

有一天，司馬光和一羣小夥伴在院子裏玩耍。院子裏有一口盛滿水的大缸，有個調皮的小朋友失足跌進了缸裏，被水缸裏的水沒過了頭頂，情況十分危急。別的孩子都嚇壞了，紛紛跑開，只有司馬光試圖搭救落水的小朋友。他靈機一動，找到一塊大石頭，用力打破了水缸。水缸裏的水很快就漏光了，小朋友得救了。

司馬光喜歡樸素。小時候，長輩會給他穿華麗的衣服，他穿上後總覺得害羞，過了一會就主動脫下了。長大考中進士後，宋仁宗設宴招待這些新科進士。按當時的風俗，每位進士都要在頭上插一朵鮮花。經別人提醒這花是皇帝賞賜的，司馬光才不太情願地戴了一朵小花。

司馬光考取功名之後，在京城中擔任翰林學士。他在這裏結識了王安石、包拯、歐陽修等人。這些好朋友們每天談天説地、討論政事，感情非常融洽。王安石執拗急躁，還得了個外號「拗相公」，很少有人能拗得過他。但他卻很佩服正直穩重的司馬光，能聽進他的話。

後來，在神宗的支持下，王安石開始主持變法，提出了一系列富國強兵的辦法。司馬光卻認為，堂堂的朝廷整天惦記着老百姓錢包裏那一點銀子，太不像話了。王安石説不增加稅收也能讓國家變得富裕，司馬光卻覺得變法給老百姓造成了沉重的負擔。因此，他經常在朝堂上與王安石展開激烈的爭辯。

宋神宗看到這種場面非常頭痛，他希望司馬光也能夠參與變法，把他的聰明才智發揮出來。但是司馬光並不認同變法，就説自己不懂財務、不懂練兵，堅決離開了京城，這一走就是十五年。

這期間，司馬光倒也沒閒着，而是完成了另一件偉大的功業，就是編撰了一部最豐富、最清楚的歷史書，介紹歷朝歷代的政治、軍事、外交等政策，藉此來講述治國理政的道理，這部書就是《資治通鑑》。

這部書一共有三百多萬字，記載了從戰國到五代的歷史，涵蓋了十六個朝代、一千三百多年間發生的事情。在沒有電腦、沒有鍵盤的時代，要寫出這樣一部皇皇巨著，別提有多辛苦了。為了儘量獲得更全面的資料，司馬光除了採用歷代的正史之外，還參考了三百多種歷史著作。據説，這部書寫成的時候，原稿足足堆放了兩間屋子。他足足花了十九年才把這套書編纂完成。

後來，司馬光將這套書進獻給了宋神宗。宋神宗如獲至寶，親自為它取了《資治通鑑》這個名字。「資」是幫助的意思，「鑑」原本指的是鏡子，也有警戒和教育的意思。這本書的名字就是說，以歷史上國家的得失興亡，來為皇帝們治國理政提供借鑑。

《資治通鑑》與漢代司馬遷所著的《史記》一起，成為記錄中國歷史的不朽著作。而司馬光和司馬遷，也並稱為「史學兩司馬」，共同被人們銘記和傳頌。

寫完《資治通鑑》後不久，宋神宗病逝，哲宗即位，高太后輔政。高太后反感王安石變法，就重用司馬光，目的是打壓王安石的變法措施。就這樣，司馬光重新回到了權力中樞，他終於實現了自己的政治主張，把王安石推行的政策一條條全部廢除了。

王安石聽到消息後，憂心如焚，一病不起，鬱鬱而終。沒過幾個月，司馬光也因病逝世了。這對曾經的好朋友、一生的政敵，他們之間的恩怨糾葛，也就此畫上了句號。

知識加油站 文化

瓊林宴上戴花的習俗

從唐朝起，每當科舉考試的結果出來，皇帝就會宴請新科進士們，這類宴會被稱為「聞喜宴」。由於宋朝的聞喜宴總是在瓊林苑舉行，也就被稱作「瓊林宴」。宋朝人有戴花的習俗，瓊林宴上，皇帝會給新科進士們賜酒、戴花。而司馬光生性不喜奢華，崇尚樸實，瓊林宴上其他進士都戴花，只有司馬光不願戴花。

沈括與《夢溪筆談》

北宋的「科技先鋒」

　　大家一定都知道，我國的「四大發明」享譽海內外，其中有一項是「印刷術」。唐代時人們多採用雕版印刷，笨重且耗時耗力；宋仁宗時，工匠畢昇發明膠泥活字印刷術，是世界上最早發明活字印刷的人，比德國人古登堡早了四百多年。

　　但酒香也怕巷子深，這樣偉大的成就如果沒有人幫忙宣傳，就會無人知曉，很有可能就消失在歷史長河裏了。畢昇和他的膠泥活字很幸運，遇到了一位忠實的記錄者、強力的代言人——科學家沈括。

　　沈括是北宋時期有名的政治家、科學家。他早年跟着家人遊歷四方時，好奇心就特別強。他聽說江西的鉛山有一眼苦泉，泉水是青綠色的，味道非常苦，就像膽汁一樣，當地百姓把這泉水稱為「膽水」。據說把膽水放到鐵鍋裏熬乾，就能熬出黃銅來。沈括就跑到鉛山考察，發現傳言果然是真的。其實，這種膽水是亞硫酸，加熱後就變為硫酸亞銅，再和鐵鍋的鐵發生化學反應，就生成了銅。

　　沈括做官以後，主持修過汴河的水利工程，還巡查過淮北、河北、浙江，對山河地理有很深刻的見解。他贊同王安石富國強兵的理念，是新黨中的代表人物，也很受王安石的器重。

　　變法開始的第七年，遼國派大臣蕭禧出使宋朝，希望以黃嵬山（今山西原平北）作為宋遼之間的分界線。宋朝不同意，蕭禧就在開封賴着不走。沈括靈機一動，前往樞密院查找歷史文件，找到了黃嵬山是宋朝國土

的證據。神宗非常高興，就派沈括出使，去跟遼國講講道理。

沈括不打無準備之仗，出發之前先找了一些宋遼往來的歷史文件，命令隨從祕書們背得滾瓜爛熟。到了遼國以後，遼國宰相楊益戒雞蛋裏挑骨頭，問了很多刁鑽的問題，但沈括手下的官員總能迅速回答。雙方連續談判了六次，楊益戒始終説不過宋朝的使臣。楊益戒氣急敗壞，就問沈括：「為了這麼一個小地方，宋遼之間再起戰火，你難道就不害怕嗎？」沈括義正詞嚴地回答説：「兩國早先約定得清清楚楚，宋朝是據理力爭，遼國是無理取鬧，如果遼國撕毀盟約、重燃戰火，那也不是宋朝的過錯。」楊益戒啞口無言，最終還是後退了一步，不再執着於黃嵬山的得失了。

沈括圓滿完成任務，帶着使團從遼國返回。回國路上，他留心觀察沿途的地理形勢，將山川形貌、風土人情都繪製成畫，命名為《使契丹圖抄》，獻給了神宗。神宗見國土沒丟，感念沈括的功勞，就提拔了他。

沈括一向很有雄心抱負，希望為國家建功立業。他十分重視地理勘察。有一次，宋神宗派他到定州去巡視，沈括假裝在那裏打獵，花了二十多天時間，詳細考察了定州邊境的地形，還用木屑和融化的蠟捏製成一個立體模型。回到定州後，他又讓木工根據這個模型，用木板雕刻出木製的立體模型，獻給宋神宗。後來，沈括又花了十二年，主持繪製了《天下州縣圖》，將全國河山繪製成精確完備的地圖。他還以「飛鳥圖」來繪製地圖，改進了傳統的製圖方法，讓地圖的比例尺更加精確。

沈括不僅下知地理，也上知天文。他改進了測量天象的儀器「渾儀」，提升了渾儀的觀測精準度；還製造了測量日影的「圭表」，讓人們能夠更清晰地計量時間；他親自動手設計實驗，測量了北極星的高度；他還主持修訂了新的曆法，並在晚年提出《十二氣曆》，參照節氣設定月份，與九百多年後英國人發明的《蕭伯納曆法》有異曲同工之妙。

沈括很早就記載了石油的作用和製備方法，他還發現了磁偏角、針孔成像、凹面鏡成像和空穴效應等現象⋯⋯可以説，沈括在數學、天文、地理、物理、軍事、音律等多個領域都取得了成就。

到了晚年，沈括把一生的研究成果都彙集到一本書中，這就是《夢溪筆談》。筆談就是筆記的意思，「夢溪」兩個字則來自他晚年居住的潤州

夢溪園（今江蘇省鎮江市）。《夢溪筆談》一方面記載了沈括本人的科研成就，也收集了平民百姓在科學技術上的探索與實踐，體現了北宋時中國傑出的科技水平。畢昇發明活字印刷術的全過程就被沈括寫進了《夢溪筆談》當中，這是世界上對活字印刷的最早記載。畢昇和他的膠泥活字藉着《夢溪筆談》在世界上流傳，成為國際公認的活字印刷術的起源。

後來，這本書被翻譯成多國文字，行銷日本、歐洲、美國等地區。現在，海內外仍有從事該書研究的學者。英國科學史專家李約瑟曾評價《夢溪筆談》為「中國科學史上的里程碑」。

《天下州縣圖》

熙寧九年，沈括完成了對全國州縣地圖的編繪工作，成品命名為《天下州縣圖》。全套地圖一共有二十幅，包括全國總圖和各地分圖，花費了十二年才繪製完成。這套地圖代表着當時最高的製圖水平，計算比例準確。可惜的是，隨着宋朝走向衰微，地圖毀在戰火之中了。

當時的世界

1095 年，沈括的《夢溪筆談》撰寫完成。1096 年，在羅馬天主教教宗的准許下，約十萬軍隊主要由西歐的封建領主和騎士組成的軍隊，對他們認為是異教徒的國家（地中海東岸）發動了宗教戰爭，史稱「十字軍東征」。

完顏阿骨打建立金朝

一頓飯造就的王國

　　說到歷史上著名的宴會，你知道哪些？在前面的故事裏，我們講過讓漢高祖劉邦險些沒命的「鴻門宴」，也講過談笑間解除武將威脅的「杯酒釋兵權」。這回我們要講的是「頭魚宴」，這是兩個北方大國強弱逆轉的導火線。

　　故事要從遼國的天祚帝說起，他是遼國的第九位皇帝。遼國疆域廣闊，歷代帝王都有一個習俗叫「捺（nà，粵音 naat6）鉢」。大家在學校會有秋季旅行，捺鉢就類似遼國皇帝的秋季旅行，不過是一年四季都有，也不全是玩樂，皇帝要在捺鉢的時候主持漁獵，與境內各部族溝通，召開南北朝臣會議，相當於一邊玩一邊工作。

　　這一年的早春，天祚帝來到了混同江（今黑龍江省）一帶，舉行「頭魚宴」。這也是遼國的一種風俗，就是在度過漫長的冬天後，皇帝率軍隊駐紮在江邊，命人鑿開冰面，捕到新年的第一條魚，並舉行盛大的宴會，款待前來朝拜的各部落首領們。在頭魚宴上，皇帝與首領們一起痛快吃肉、酣（hān，粵音含）暢飲酒，在談笑間加深雙方的感情。

　　混同江附近是「生女真」族的領地，天祚帝來到這裏時，附近一千里以內的女真首領紛紛趕來朝拜。然而，這年天祚帝想玩個新花樣。幾杯酒下肚後，他醉眼矇矓，隨手指着女真族的首領們說：「你們都來給我跳舞助興吧！」

　　這些女真族的首領平時在部落也是一呼百應的人物，一聽天祚帝這個要求，心裏都非常不滿：你讓我們表演我們就得表演？是把我們當下人了？可是遼國很強大，他們怕得罪天祚帝，只好勉強忍住心中的怒火，從座位上起身，一個個手舞足蹈起來。

　　女真人本就以漁獵為生，身強力壯，首領更是一個個虎背熊腰，跳起

舞來就跟大黑熊或大猩猩揮手踢腳一樣，真是群魔亂舞。天祚帝一看這個場面，簡直樂壞了，他越是樂，首領們就越是生氣。

其他首領們都在跳着舞，天祚帝突然發現有一個年輕的女真首領坐着不動，他就是完顏氏的領袖阿骨打。天祚帝催了他好幾次，他推說自己不會跳舞，就是不起身。天祚帝嘴上沒說甚麼，心裏卻記下了這筆賬。

過了幾天，天祚帝拉着宰相蕭奉先說：「阿骨打這人雄壯威武，遠超其他女真首領，得想辦法趕快找藉口殺了他，不然後患無窮。」蕭奉先卻覺得沒甚麼，勸他說：「阿骨打就是個野蠻人，不懂禮儀，除此之外沒甚麼大錯，無緣無故殺了他，會讓其他女真首領心寒。再說女真就這麼一丁點人口，阿骨打就算心懷不軌，又能怎麼樣呢？」天祚帝覺得蕭奉先言之有理，也就忘了這件事。過了幾天，他看到阿骨打的兄弟們打獵的本事很好，還給他們升了官。

天祚帝和蕭奉先都沒想到，他們這下可犯了大錯。阿骨打絕對不是任人魚肉之輩。他從小就勇武過人，在同齡的孩子裏，沒人是他的對手。他箭術精絕，十歲就能拉弓射箭，曾經連發三箭，每一箭都射中了天上的烏鴉。還有一次，他去其他部族赴宴，在門外散步時望見遠處一座高高的土山，眾人比賽射箭，誰都射不到山那裏，只有阿骨打一箭射過了土山。大家量了一下距離，超過了 320 步遠。

　　頭魚宴的時候，阿骨打冷眼旁觀着天祚帝的囂張行為，心裏早就不滿了。早年，他曾經到過遼國，和一位遼國貴族下棋，遼國貴族走錯一步，非要悔棋。阿骨打堅決不讓，兩人吵了起來。阿骨打立即拔出佩刀要刺殺對方，幸好手下勸下來，又按住阿骨打佩帶的刀鞘。阿骨打沒法拔出佩刀，就隨手用刀柄撞打遼國貴族的胸口。遼道宗聽說後很惱火，好在他也想顯示自己開明，這才沒有追究阿骨打。

　　等到天祚帝即位後，不斷勒索女真族的物產，把女真族人壓迫得苦不堪言。女真地處東北苦寒之地，雖然説盛產人參、貂皮、熊掌、良馬、獵鷹，但都是族人們冒着生命危險採集和獵取的。遼國不但強迫女真部族定期進貢這些寶物，還常常在榷場中強買強賣，用不值錢的東西來換取女真人的珍藏。女真人早就對遼國恨之入骨了，頭魚宴只是個導火線，徹底激化了遼國和女真人之間的矛盾。

　　頭魚宴的第二年，阿骨打當上了女真部落聯盟的首領。天祚帝按慣例封他為節度使，他派人前往遼國謝恩，暗地裏卻命令使臣們留心遼國的情況。根據使臣傳回的消息，天祚帝荒淫無道、橫徵暴斂，遼國看似龐大卻外強中乾，早就不是當年那個強盛的帝國了。聽到這些，阿骨打心裏萌生了希望，他開始整頓軍備，積累與遼國翻臉的資本。

　　阿骨打備戰的消息傳到天祚帝的耳朵裏，他就派大將進駐附近的寧江州防備。阿骨打看到天祚帝已經開始警惕，知道這就算是和遼國鬧翻了，當下調集女真各族的士兵，決意從寧江州開始進攻遼國。

　　開戰前，阿骨打召集士兵舉行誓師大會，告訴大家，此次出戰，大家務必同心協力。如果立下功勞，每人都可以升遷，奴隸可以變成平民，平民可以做官，官員可以升官。但假如有人違背誓言，不僅本人要受到處

罰，就連家屬也不能得到赦免。

女真士兵在這番話的激勵下，個個身先士卒、以一當百，不費吹灰之力就攻破了寧江州城，掠走了很多財物，滿載而歸。

沒過多久，阿骨打再次出兵，和遼軍交戰於出河店。「出河店之戰」中，女真人不僅大敗遼兵，還繳獲了遼軍的裝備、糧食，甚至收編了大量遼國俘虜，使女真軍隊的數量比之前增加了好幾倍。藉着出河店之戰獲勝的勢頭，女真軍又相繼攻佔了賓州、咸州等地。

隨着實力壯大，阿骨打開始着手建國。1115 年正月初一，阿骨打稱帝，國號為「大金」，阿骨打就是金太祖。之後的幾年，阿骨打率領女真軍橫衝直撞，把曾經堅不可摧的大遼撕扯得七零八落。就在遼國即將走向覆滅時，大宋也混了進來，讓局面變得更加複雜了。

「捺鉢」是甚麼？

　　「捺鉢」是契丹語的音譯，原意是皇帝的行宮。後來，這個詞逐漸演化為特指遼國皇帝按照風俗在全國進行的漁獵和遷徙活動。按照春夏秋冬的季節更替，遼國皇帝捺鉢的地區也有不同，春天一般待在方便打獵和捕魚的地方，比如上面的故事中提到的混同江；夏天一般設在避暑勝地；秋天設在便於獵虎、熊等大型猛獸的場所；冬天則設置在便於射獵、但又不太冷的地方。因此，捺鉢也被稱為「四時捺鉢」。

方臘宋江起義

該出手時就出手 · · · · · · · · · · ·

　　我國古代四大名著之一的《水滸傳》，講述了宋徽宗時期宋江帶領梁
山好漢揭竿而起、嘯聚山林的故事。宋江這個人物在歷史上是真實存在
的。那麼，歷史上真實的宋江是甚麼樣的呢？

　　《水滸傳》開頭講的是高俅和宋徽宗的故事，告訴大家甚麼
叫「亂自上作」，梁山好漢揭竿而起，完全是宋

徽宗的緣故。宋徽宗是宋朝的第八任皇帝，也是中國歷史上有名的敗家昏君。他治理國家一塌糊塗，在繪畫書法上倒是挺有才華，整天吟詩作對、寫字畫畫。他還崇尚修道，把國庫裏的錢拿去修道觀，養了一大堆光吃飯不做事的道士。他自己更是享受着奢靡的生活，不斷地剝削百姓。

　　皇帝這樣，大臣們當然也好不到哪裏去。宋徽宗信任的蔡京、童貫、朱勔（miǎn，粵音勉）等大臣，每一個都是奸猾的人物，瞞上欺下的本領十足。這樣一來，朝政烏煙瘴氣，百姓生活越來越苦。民間流傳起了一句話：「打破筒，潑了菜，便是人間好世界」，「筒」指童貫，「菜」指蔡京，意思是除掉這些奸臣，百姓們日子才會好過。可見大家多恨這些人。

　　大家讀過《水滸傳》就會知道，因為徽宗酷愛花石，朱勔、蔡京等大臣為了投其所好，專門設了個「應奉局」，向各地徵發所謂的「花石

綱」，大肆搜刮百姓家中的奇花異石，再不計成本地運往京城。有的人家被徵的花木石頭很高大，搬運起來不方便，兵士們索性就把那家的房子拆掉。還有很多官吏、士兵乘機敲詐勒索，很多人家就這樣傾家蕩產。

有個叫方臘的人也受到這樣的壓迫。他家裏原本有個漆園，三天兩頭被官府上門勒索，他積累了滿心的怨氣，又看到身邊的窮朋友們生活非常困苦，決心要改變現狀。他把大家召集起來，對他們一通慷慨演說，列舉了賦稅徭役沉重、官吏貪腐的種種現狀，還有每年繳納遼、西夏的歲幣，都是大家的血汗。百姓們終日辛苦工作，仍然挨餓受凍，想吃一頓飽飯都困難。

聽到這裏，大家無不羣情激昂。於是方臘把鄉民們鼓動起來，發動了起義。很多百姓苦於官府的剝削，卻沒有辦法改變現狀，見到方臘起義軍後，就紛紛加入他們。沒過幾天，方臘的隊伍就達到了幾萬人。他們先後攻下了安徽和浙江的一些地方，每到一地，他們就殺死官員，再縱火燒城，聲勢十分浩大。地方官吏一聽說方臘要來了，有的乾脆棄城而逃。在方臘的感召下，浙江、江蘇等地也相繼有人起義。

地方官員們鎮壓不了起義，只好給皇帝寫信搬救兵。宋徽宗總算把視線從他的琴棋書畫上暫時轉移開來，派童貫前去剿滅起義軍。為了暫時安撫各地百姓，他還下令廢除了各地用來運送花石綱的應奉局。

童貫率領大軍氣勢洶洶地來了，宋軍裝備精良、人數眾多，很快就佔據了上風。起義軍缺乏組織，打起仗來亂作一團，節節敗退。沒多久，他們佔領的城池全部被官兵收復。方臘帶着家人和親信躲入山林，最後還是被官兵俘虜，押解進京處決了。

方臘起義的地點主要在東南沿海的兩浙地區。差不多就在同時，北方的山東一帶也在進行一場起義，這就是大家熟悉的梁山「宋江起義」了。

梁山泊位於如今的山東梁山縣，是一片巨大的湖泊，周圍聚居着一些漁民。在方臘起義前一年，官府打上了梁山泊的主意，要求漁民們必須按照擁有船隻的數量繳稅。以宋江為首的百姓們不堪剝削，就勇敢地站出來反對宋朝的統治。

《水滸傳》中的宋江既沒有武藝也沒甚麼才能，就是仗義疏財，在江

湖上有個好名聲。歷史上的宋江要有能力得多，同時也確實像小說裏寫的那樣為人慷慨、急公好義，名聲很好，結交了一大批有本領的朋友。他帶領起義軍登上梁山，佔山為王，用魚叉、鋤頭、鐮刀做武器，和官兵們展開戰鬥。宋江頭腦靈活，作戰時往往智計百出，又總是身先士卒，稱得上是智勇雙全。

梁山好漢們每攻佔一個地方，就會打開糧倉，把糧食分給窮苦的百姓，得到了百姓的擁護。他們先是在山東一帶與官府鬥爭，後來又把勢力範圍拓展到河北。

梁山的起義軍讓宋徽宗很是頭痛，於是派大臣張叔夜去剿滅梁山起義。張叔夜得知宋江等人跑到了海邊，搶了十多艘大船準備從海上攻打州郡。他設下埋伏，把起義軍引進了圈套，又燒掉了那些戰船，截斷了起義軍的退路。梁山好漢們被張叔夜的軍隊包圍，連番苦戰後，損兵折將，卻仍然衝不出包圍圈。宋江無奈之下，只好向朝廷投降，結果朝廷把他們都處決了。

就這樣，宋徽宗時期兩場轟轟烈烈的農民起義煙消雲散。可是，按下了國內的農民起義，北方的強敵還在虎視眈眈呢。這一次，宋朝面對的已經是滅頂之災了。

知識加油站 文化

瘦金體

宋徽宗趙佶（jí，粵音吉）有着極高的藝術造詣，他曾創造了一種極具個性的字體，名為「瘦金體」。不同於唐朝流行的楷體那樣橫平豎直，瘦金體瘦挺爽利、側鋒如蘭，運筆靈動，風格獨特。宋徽宗的瘦金體是書法史上的獨創，代表作有《小楷千字文》、《穠芳詩帖》、《夏日詩帖》等。

海上之盟

與宿敵聯手 ....

　　在方臘、宋江起義之前，阿骨打建立的大金已經在進攻遼國了。遼國抵擋不住，節節敗退。

　　這時候，有一個叫馬植的遼國官員趁機逃到了中原。他目睹了天祚帝的荒唐殘暴，又見識了金國的野心勃勃，覺得遼國危在旦夕，待在遼國沒甚麼好處，就下定決心投奔宋朝。他上書給宋朝皇帝，建議宋朝出兵消滅衰弱的遼國。

　　宋徽宗這才知道北方出了這麼大的變化。這也難怪，宋遼兩國自從「澶淵之盟」後，一百多年都沒怎麼打仗了，情報系統也廢弛得差不多了。所以金國崛起、遼國危急這樣的大消息，居然還是通過馬植傳遞過來的。

　　宋徽宗聽說這個消息後一邊幸災樂禍，一邊打算趁機收復燕雲十六州。

宋徽宗決定聯合金國，一起吞併遼國。但他忽然發現了一個問題，怎麼和金國聯繫上呢？宋朝在南，金國在北，中間隔着遼國，要是直接派使者北上，還沒到金國就先被遼國人捉住了。後來，宋徽宗靈機一動，想出一個主意：可以從山東地區出發，取道渤海，走水路前往金國。於是，他派大臣馬政領頭，帶着使臣們渡海往金國去。

一路上還算順利，馬政安全抵達了金國。他先是用兩國曾經買賣良馬的歷史和阿骨打拉關係，又轉達了宋朝皇帝希望和金國一起滅遼的提議。

阿骨打對這個提議很感興趣。此時金國已經攻破了遼國的上京和東京，在戰場上取得了壓倒性的勝利，但遼國的面積和人口仍遠遠超過女真，要想一口把它吞下還是挺吃力的。眼下傳聞中強盛的大宋願意跟自己共同出兵，事成之後還能得到大筆錢財，他覺得倒也不錯。

經過幾輪磋商，宋金達成了盟約：宋軍和金軍共同向遼國出兵，金軍攻佔遼國的中京大定府，宋軍攻佔遼國的南京析津府（也就是燕京）；事成之後，燕京一帶地區分給宋朝，而其他遼國疆域分給金國；另外，宋朝把每年向遼國繳納的「歲幣」轉送給金國。由於這份盟約是使者來回渡海才達成的，就被稱為「海上之盟」。

「海上之盟」是宋金兩國的軍事機密，一開始沒有用正式的國書來轉達，而是由使者帶着宋徽宗的書信來與金國溝通。然而，宋徽宗寫信時說的是宋朝希望收復「燕京一帶地區」，實際上跟宋朝歷代皇帝夢寐以求的

燕雲十六州不是一回事。於是金國人故意咬文嚼字，儘管宋朝使臣在談判中竭力爭取更多土地，但金國人就是死活不認。最後，宋朝只好接受這個結果。

盟約達成了，分工確定了，該開始打仗了吧？金國軍隊摩拳擦掌，背着弓，騎上馬，沒花多大力氣就攻破了遼國的中京。天祚帝率領遼軍御駕親征，最後大敗而回，只好逃進了深山老林。後來，遼國殘餘的勢力建立了「北遼」，由耶律淳做皇帝，勉強支撐着殘局。

金國已經履行了盟約，就等宋朝傳來好消息，滅遼這件大事就算完成了。可宋朝那邊卻遲遲沒有動靜。原來，這時候方臘、宋江已經發動了起義，宋軍正忙着鎮壓起義軍，根本沒有餘力去進攻遼國。金國左等宋軍不來，右等宋軍不來，乾脆不等了，直接出兵佔領了遼國的西京。這時候，遼國已經只剩下南京——燕京一帶沒被攻克了，按照「海上之盟」，攻打燕京是宋朝的任務。

直到這時候，宋軍才掃平了國內的叛亂，此時已經是簽訂「海上之盟」的兩年後了。宋軍由童貫領兵，慢條斯理地出發了。童貫剛鎮壓了國內起義軍，正是意氣風發的時候，滿心以為只要大軍一到，就能以摧枯拉朽的勢頭滅亡遼國。可他率軍趕到宋朝邊境時卻發現，宋遼百年無戰事，早先修建的防禦設施都廢棄了，連軍糧和水源都不能保證。可此時箭在弦上不得不發，童貫只好硬着頭皮向燕京發起了進攻。

已經被金國打殘的遼國人一見宋軍打過來，一個個都恨得牙根癢癢，抵抗得極其頑強，童貫連續組織了兩次進攻，都慘敗而歸。遼國將士殊死血戰，沒讓宋軍討到半點便宜，反而斷絕了宋軍運輸糧食的通道，徹底擊潰了宋軍。

童貫見事情沒法收場，十分發愁，居然想出一個餿主意：私下僱傭金國人佔領燕京。金軍此時已經看透了宋朝的軟弱和無能，索性自行出兵佔領了燕京。至此，遼國五個都城都被佔領，天祚帝輾轉逃亡，遼國已經名存實亡了。

仗打完了，該瓜分勝利果實了。宋軍在戰場上表現太差，談判時就沒有本錢，金國只願意歸還燕京一帶的六個城市，而且宋朝除了之前承諾過

的歲幣，還需要再支付一筆款項才能贖回這些城市。宋徽宗掏空了國庫，終於補上了這筆巨額支出。金國人心滿意足，在燕京城內大肆劫掠了一番，將殘破不堪的空城還給了宋朝。

到這裏，「海上之盟」已經交割清楚。宋朝花費巨額錢財，把「熙寧變法」至今的所有積蓄揮霍一空，還把宋朝的軟弱腐朽在金國面前表露無遺，才終於收復了部分失地。就這樣，宋徽宗還揚揚自得，特意寫了《復燕雲碑》來歌功頌德。這時他可沒想到，此時遼國的命運，就是未來宋朝的命運，因為愚蠢和軟弱，自己的下場比天祚帝還要悲慘。

知識加油站 制度

遼國的「五京」制度

遼國一共有五個都城，分別是上京臨潢（huáng，粵音皇）府（今內蒙古巴林左旗）、中京大定府（今內蒙古赤峯市寧城縣）、東京遼陽府（今遼寧省遼陽市）、南京析津府（今北京市）、西京大同府（今山西省大同市）。其中，上京是遼國的首都，其他城市均為陪都。上京極為繁華，國外

使節頻繁訪問，各類商品均有出售，還出現了「夜市」。五京制度與捺鉢制度結合，決定了皇帝不會一直待在京城，而是在全國各地巡狩，因此才有了天祚帝與頭魚宴的故事。

當時的世界

1119 年，英格蘭國王亨利一世率軍攻入法國，擊敗了法蘭西同盟軍。1120 年，「海上之盟」達成。

滅遼之戰

遼國的結局

前面說到，遼國被金國和宋朝聯手絞殺，眼看著就要滅國了。曾經煊（xuān，粵音暄）赫一時的遼國，怎麼會淪落到這種地步？其實，早在天祚帝登基之前，遼國的衰敗已經埋下了伏筆。

大家還記得之前提過的遼聖宗耶律隆緒嗎？他將皇位傳給了兒子宗真，也就是遼興宗。可是興宗的母親不喜歡這個大兒子，想廢掉興宗，改立小兒子重元為皇帝。興宗對母親的毒計渾然不覺，處境危在旦夕。所幸弟弟重元提前向興宗告密，讓興宗早早有了防範，才躲過一劫。

從這以後，興宗對弟弟百般感激，甚至承諾要將皇位傳給他。重元很信賴哥哥，滿心歡喜地等着繼承皇位。沒想到，等興宗有了自己的孩子，他就再也不提這件事了，而是把長子洪基立為太子。這樣一來，皇位就沒重元甚麼事了。重元心裏生氣，但迫於哥哥的壓力，沒有表現出來。

興宗去世後，洪基登上皇位，也就是遼道宗。洪基知道叔叔對父親有救命之恩，平時對重元很尊敬，稱他為「皇太叔」，還封他做天下兵馬大元帥，將朝政大權託付給他。重元的兒子涅魯古也跟着沾光，被封為楚王，父子倆權傾朝野。

然而，重元心裏已經埋下了怨恨的種子，再加上涅魯古總是在他耳邊煽風點火，重元心裏的怨氣越來越重。1063 年的一天，洪基外出打獵，重元終於看到了機會，立刻發動了兵變。

這時候，一個叫耶律良的宮人得知重元要造反，趕緊報告給皇太后，皇太后十分焦急，又不能明說，於是派人告訴洪基，說自己生了病，讓他趕緊回來看望自己。洪基急忙趕回去，一開始還不太相信叔叔要造反。耶律良給他出了個主意，讓他召見皇太叔，看看重元敢不敢來。洪基就下令請皇太叔前來相見，結果重元不僅不來，反而差點把洪基派去的使者給扣留了。

洪基這才認清現實，他驚慌失措，一時間沒了主意。就在這時，行宮附近硝煙四起，原來是重元察覺到陰謀已經泄露，索性直接率軍前來，打算武力奪權。洪基見叔叔來勢洶洶，嚇得想趕緊逃命。多虧他身邊有個叫耶律仁先的大臣還算冷靜，他勸告洪基說，逃跑很有可能被皇太叔追上，不如奮力抵抗，可能還有一線生機。在他的鼓勵下，洪基組織起軍隊，與皇太叔的軍隊展開了殊死搏鬥。最終，涅魯古被俘虜，皇太叔兵敗自殺，叛亂被平定。洪基回到京城，把平叛有功的臣子通通加官進爵。

在平定「重元之亂」時嶄露頭角的人，除了耶律仁先，還有耶律乙辛。耶律乙辛為人比較狡猾，他想要獨攬大權，就把耶律仁先排擠出了京城。後來他如願做了太師，在遼國擁有了一人之下、萬人之上的權力，就開始大肆收受賄賂，打壓異己，把朝政搞得烏煙瘴氣，一個可用之才都沒剩下。不僅如此，他覺得洪基的兒子比較聰明，以後一定能識破他的奸計，就編造讒言誣陷皇后和太子，讓他們蒙冤而死。他甚至還想對洪基的孫子耶律延禧下手，不過這次沒能成功，反而將自己的所作所為暴露在洪基面前，被洪基殺掉了。

妻子死了，兒子也死了，洪基非常心痛，就加倍地寵愛孫子。他派親信大臣和侍衛守着耶律延禧，一刻也不離開，務必確保他的安全。可惜，他只顧着保護孫子的性命，卻忘了教育他治國理政的道理，反而把他慣得非常驕縱。

耶律洪基死後，延禧繼承了皇位，就是前面提到過的天祚帝，頭魚宴事件的主角。天祚帝即位後，一年四季都在遊山玩水，把朝政拋到了九霄雲外。他又寵信蕭奉先等奸佞（nìng，粵音濘）小人，鬧得天怒人怨，老百姓起義此起彼伏，貴族們也怨聲載道。這樣一來，遼國國力衰退，軍隊戰鬥力也下降得厲害。看似龐大繁榮的遼國，只剩下了個搖搖欲墜的空殼。

接下來就是大家已經知道的劇情。來自女真的阿骨打敲響了遼國的第一聲喪鐘。天祚帝一開始沒把阿骨打當作一回事，以為遼國大軍一到，這個來自苦寒之地的貧苦部落就會潰不成軍。然而，女真軍越戰越勇，反而是遼軍節節敗退。天祚帝這才慌了神，親自帶兵前去攻打，結果卻被打得落花流水，連首都上京都丟了。

這時候，天祚帝身邊的大臣們又起了內訌。蕭奉先為了爭權奪利，誣陷重臣耶律余睹叛國。耶律余睹則為了防止被天祚帝糊裏糊塗地殺掉，乾脆真的叛變到了金國。經過這次內亂，天祚帝身邊只剩下五千衛兵，他只得繼續逃命，流竄（cuàn，粵音寸）到了雲中（今山西省大同市）。後來金軍攻陷雲中，他又被迫逃到了夾山（今內蒙古大青山）。

在夾山，天祚帝不顧大臣們的勸阻，貿然率領殘軍進攻山西，迎來

了又一次慘敗。他只得繼續向西北逃亡，最後甚至逃進了沙漠。最終，他還是落入了金軍手中，被押解到金國首都。天祚帝被金國皇帝降封為海濱王，折辱至死。遼國——這個曾經戰無不勝的強盛帝國，就此滅亡。

遼國滅亡了，它的南方鄰居也好不到哪裏去，很快也要步它的後塵了。

知識加油站 科學

地震都震不倒的應縣木塔

應縣木塔建於 1056 年，已經存在了九百多年，是我國現存唯一一座純木結構建築。這座高 67.31 米的木塔全部由木頭搭建，沒有用一顆釘子，木頭與木頭之間全部由榫卯（sǔn mǎo，粵音筍鉚）連接。更為神奇的是，這座木塔從建成到現在，經歷了大大小小十多次地震。據說有一次地震，周圍的房屋好多都倒塌了，而木塔卻毫髮無損。大家聽說過巴黎艾菲爾鐵塔和意大利比薩斜塔嗎？應縣木塔與它們齊名，並稱「世界三大奇塔」。

當時的世界

1125 年，遼國滅亡。基輔羅斯公國的大公弗拉基米爾·莫諾馬赫去世。他死後，基輔羅斯在內憂外患的情況下，分裂為十八個公國。

靖康之變

父子皇帝成了俘虜

前面提到，在金宋兩國聯手滅遼的時候，宋朝的腐朽無能已經淋漓盡致地暴露在金國面前。滅亡遼國以後，金國調轉馬頭，打起了宋朝的主意。

天祚帝被抓後沒過幾個月，阿骨打的弟弟、金朝第二位皇帝金太宗就以宋朝收容金國叛將為由，大舉進攻宋朝。金國軍隊分成東西兩路，東路軍隊由完顏宗望率領，從平州進攻燕山府；西路軍隊則由完顏宗翰率領，取道大同，進攻太原。

宗望率領東路軍打過來，就跟一頭餓狼闖進羊羣一樣，根本遇不到甚麼抵抗，宋軍紛紛望風而逃，甚至還有些軟骨頭的將領向金國投降了，轉而給金國人帶路。宗望就這麼接連攻克易州、燕山府、真定府、信德府，一口氣打到了黃河邊上。

消息傳到開封，整個大宋朝廷吵成一團，宋徽宗終於沒心思再寫寫畫畫了，一天到晚急得團團轉。他信賴的那一大幫奸臣蔡京、童貫、李邦彥，平時論搜刮壓榨百姓是一個接一個的能幹，如今全都不敢吭聲了。

這時候，大臣李綱提了個建議，讓宋徽宗把皇位傳給太子，由太子和自己抵抗金軍。宋徽宗高興極了，趕緊寫下詔書，傳位給長子趙桓。他自己則一天都沒耽擱，帶着兩萬親兵溜到南方避難去了。

趙桓就這麼當上了皇帝，這就是宋欽宗。要是換在平時，他當然巴

不得早點登上皇位。
可眼下的皇位就是個
燙手山芋，誰坐誰
倒霉。他又害怕又生
氣，氣父皇不負責任。

這時候，宗望率領的東
路軍已經渡過了黃河，劍指開
封。宋朝大臣們這時分成了主
戰派和主和派，爭吵不休。宋
欽宗根本沒有治國經驗，也沒
經過甚麼風浪，害怕得想要逃
跑，幸好被李綱等主戰派的大臣們苦苦勸
住。危難之際，李綱還主動請纓，接過了
守衛京城的任務。

李綱先是傳達了皇帝的旨意：凡是敢提逃跑的人，一律處斬，就這樣
穩定了軍心。緊接着，他收攏京城裏的軍隊，佈下幾道防線，嚴陣以待金
軍的到來。等到宗望率軍進攻時，李綱先是派人用撓鈎鈎住金軍用來燒城
門的火船，讓他們在原地動彈不得；又用大石塊狠狠向船上砸去，把火船
擊沉，船上的士兵們紛紛掉進水裏。

宗望見久攻不下，就給宋朝開出了議和的條件，不僅索要大量的錢
財、絲綢、牛馬，還要求割讓三個城市，並要宋朝皇子前去金國做人質，
甚至要宋欽宗尊稱金國皇帝為伯父。金國提出這些條件，就是存心侮辱宋
朝，可是宋欽宗和宰相李邦彥居然想也不想就答應了下來。李綱一聽就氣
壞了，他堅決反對這些條件，主張跟金人拖延談判時間，等各地援兵一到
就展開反攻。

宋欽宗卻不聽。他為了湊足宗望要求的錢數，抓緊時間在開封搜刮錢
財，把百姓們逼得苦不堪言。宋欽宗一邊湊錢，一邊尋覓前往金國軍營議
和，其實也就是去做人質的人選。這時，宋徽宗的九皇子康王趙構主動站
出來，承擔了這份重任。同時，李綱、种（chóng，粵音蟲）師道等大將
也開始組織宋軍練兵，展開防禦工作。

李綱的主張果然是正確的。才過了幾天，宋朝各地的軍隊就紛紛趕來勤王，逐漸逼近開封，形勢開始對金軍不利。再加上開封守軍的士氣也很高漲，宗望估計很難在短時間內拿下開封，便帶着搜刮來的錢財和擄掠的人口撤退了。

宋欽宗君臣眼看金軍撤退，這才鬆了口氣。大臣种師道建議宋欽宗派兵前去伏擊，趁金軍橫渡黃河時發起進攻。投降派大臣們想也不想就駁回了這個提議，他們只想趕緊送走金國人，不願再生事端。种師道又建議宋欽宗在黃河旁邊集結大軍，以防止金軍再次侵宋。宋欽宗卻認為，金軍下次再來還不知道甚麼時候，沒必要花費這筆錢。种師道見朝廷一點憂患意識都沒有，憂憤交加，很快就生病去世了。李綱也被投降派們排擠到一邊，遠離了權力核心。

這樣做的惡果很快就顯現了出來。這一年的八月，金軍再次兵分兩路向宋朝進攻。有了第一次的經驗，金軍這回的作戰十分輕鬆，很多守關的宋軍又是不等金軍過來就望風而逃。宗望率領金軍長驅直入，再次輕易橫渡了黃河，如入無人之境。西路的宗翰雖然經過了一番苦戰，也擊敗了大量宋軍，最後與宗望在開封城下會合。

這一次，宋朝賠再多的錢，金國也不肯放過他們了。宋欽宗病急亂投醫，把希望寄託在一個叫郭京的江湖術士身上，讓他在城牆上施「法術」擊退敵軍。結果郭京的法術根本不管用，金軍該攻城還是攻城，郭京自己倒是趁亂溜了。

十一月底，金軍攻破了汴京，在城中燒殺搶掠，無數百姓都遭了罪。金軍還俘虜了宋徽宗、宋欽宗兩個皇帝，帶着宋朝的大臣、后妃、皇子、公主三千多人，以及擄掠而來的金銀、古玩、書畫、人口、牲畜，浩浩蕩蕩前往金國。這些宋人命運非常悲慘，大部分都在途中病死、餓死或是被折磨致死，最後抵達燕京時，只剩下一千多人。

後來，金人把宋徽宗、宋欽宗父子一直囚禁在上京，還封了昏德公、重昏侯這樣侮辱性的綽號，對他們百般侮辱，逼他們去祭拜阿骨打，把金國的皇帝當成自己的祖宗。尤其侮辱人的是牽羊禮，也就是讓他們袒露上身、身披羊皮，脖子上繫繩，像羊一樣被人牽着，表示俘虜像羊一樣任人宰割。連宋欽宗的妻子朱皇后也被迫行這種禮，她實在不堪忍受這種侮

辱，當天晚上就投水自盡了。

宋徽宗、宋欽宗這對父子倒還活着，宋徽宗又活了幾年才死，宋欽宗更是多活了二十年。直到他們都死掉，金國才把他們的屍骨交還給宋朝。

金軍攻入宋朝都城，俘虜徽、欽二宗發生在 1127 年，這一年的年號是「靖康」，因此在歷史上被稱為「靖康之變」。北宋從此滅亡，享國一百六十七年。這一事件也成了宋人心頭永遠的恥辱和傷痛，後來岳飛就在《滿江紅》中寫道：「靖康恥，猶未雪；臣子恨，何時滅！」

好在這時候，北宋還有一些殘餘力量流亡在外。前面提到的九皇子趙構就僥倖逃脫了金軍的鐵蹄，在南京應天府（今河南省商丘市）即位，延續宋朝的社稷，這就是宋高宗。但此時的宋朝版圖只剩下南方，所以歷史上把此後的宋朝稱為「南宋」，宋高宗趙構是南宋的第一位皇帝。

知識加油站 科學

北宋的織品

吸收了南北朝紡織業的特點，宋朝的織品達到了前所未有的精巧程度。宋朝有種類繁多的棉織品和絲麻織品，如綾、羅、綢緞、織錦、紗、絹、緙（kè，粵音克）絲等等。這些織品不僅應用於服裝、寢具，還應用於書畫裝裱等用途。可惜的是，北宋末期，北方戰亂頻繁，很多重要的織品產地都毀於戰火，給宋朝的紡織業發展造成了沉重的打擊。

當時的世界

1127 年，「靖康之變」。1130 年，諾曼人羅傑二世建立了西西里王國。

盡忠報國的岳飛

莫須有，也許有 ••••••••••••••••

　　北宋王朝被金國滅了，九皇子趙構當上了皇帝，建立了南宋王朝。這時的情況仍然很危急，金軍一直對他窮追猛打，趙構君臣不斷向南逃命，最後將臨安（今浙江省杭州市）作為都城。此時的宋高宗和父親宋徽宗、兄長宋欽宗的想法差不了多少，根本不想和金國打仗，只想先坐穩了皇位再說。

　　不幸中的萬幸是，皇帝雖然不爭氣，宋朝卻還有許多忠義的將領依然在抗金的戰場上奮鬥，岳飛就是他們當中的傑出代表。

　　岳飛出生於河南湯陰縣的普通農戶家裏，相傳他出生時，東南方飛來一隻像大雁的大鳥，停在岳飛父母的臥房裏。父親於是為他取名叫飛，字鵬舉，希望他能像大雁一樣志向高遠。

　　長大以後，岳飛投了軍，後來因為父親去世回家守孝。岳飛家境清寒，為了支撐起門戶，他到附近的軍營裏討出路，卻遇上了金軍大舉進攻太原，他所在的部隊被擊潰，岳飛好不容易才突圍回家。

　　在與金軍作戰的過程中，岳飛見識到了殘暴的金軍如何欺辱宋朝的百姓，也見識到了軟弱的宋軍是多麼不堪一擊。岳飛想再次奔赴前線，保家衛國，卻不忍心拋下母親。岳母明白兒子的心思，她不顧自身安危，鼓勵岳飛為國盡忠。相傳，岳母還在岳飛的後背刺上了「盡忠報國」四個字，來勉勵岳飛建功立業。在母親的諄諄教誨下，岳飛讓妻子在家奉養老母，自己則趕往抗金前線。

　　重回戰場後，岳飛不僅在陣前奮勇殺敵，還仔細分析了敵我形勢，寫了長長的奏折呈給趙構。在奏折裏，他建議趙構遠離黃潛善、汪伯彥這兩個奸臣，趁着金軍剛吞併北方，立足不穩之際，率軍渡河迎戰金軍，一舉收復失地。然而，趙構已經被金國人嚇破了膽，看到岳飛的奏折，不僅毫無觸動，還以越級上書的罪名把他逐出了軍營。

這已經是岳飛第三次離開軍營了，但他沒有放棄對國家的一腔熱血，又一次奔赴前線，這次他投奔了張所。張所賞識他的勇氣和才能，就破格提拔他，經過幾場戰鬥，岳飛被升為軍官，手底下管着幾千人馬。後來張所去世，岳飛率領部下投奔了抗金名將宗澤。岳飛一來就打了好幾場勝仗，很受宗澤的重視。

　　岳飛在宗澤這裏學到的，不僅是領軍作戰的技巧，更有這位老將軍九死不悔的愛國熱情。這時候，宗澤已經成為事實上的抗金領袖。他聯絡了幾支抗金軍隊，準備等待合適的時機北渡黃河，大舉反攻。然而，這個提議始終不被趙構接受，宗澤一封又一封的奏折全部像泥牛入海，沒有回音。憂憤之下，年邁的宗澤一下病倒了，臨終前他吟起唐朝詩人杜甫的兩句詩：「出師未捷身先死，長使英雄淚滿襟。」又連聲大喊：「渡河！渡河！渡河！」所有的將領都忍不住痛哭流涕。

　　宗澤去世後，他的遺志無人繼承，北伐宣告失敗。岳飛被打發到了河南洛陽，去守北宋皇陵。這時，金人又來了。

1128 年秋天，金太宗再次下令大舉南侵。岳飛被調往前線，他在汜（sì，粵音似）水關一舉射殺金軍首領，鼓舞了士氣；又在宋軍糧草將盡時，巧用疑兵之計，大敗金軍。立下這些功勞後，他被提拔為武功侯。

　　後來，岳飛不堪忍受上司的排擠，率領部下在宜興一帶練兵，帶出了著名的岳家軍。他治軍嚴明、令行禁止，將士們寧願忍飢挨餓，也絕不擾民，號稱「凍死不拆屋，餓死不擄掠」，受到了當地百姓的擁護。

　　然而，南宋朝廷現在的局勢仍然危如累卵。金軍這時候已經渡過長江，佔領了建康（今江蘇省南京市）。趙構只好又帶着朝臣們狼狽出逃。金軍主將完顏宗弼，也就是大家熟悉的兀朮（wù zhú，粵音屹術）見抓不到宋朝皇帝，就故意放縱士兵在江南燒殺搶掠，然後帶着滿滿當當的戰利品踏上回程。

　　就在金軍快要趕到長江邊時，岳飛出現了。他率領軍隊前來截擊金軍，連續四戰告捷，抓獲了十幾個金國軍官。他又和駐守鎮江的韓世忠聯手，把金軍堵在了建康城外的清水亭，讓金軍受到重創，死傷不計其數。之後，岳飛駐紮在建康附近的牛頭山，趁兀朮率軍撤退時，大破金軍，一舉收復建康。

　　收復建康只是岳飛傳奇功業的開端。從這以後，岳飛轉戰江淮，平定流寇，收復襄陽六郡，主持兩次北伐，奪回商、虢（guó，粵音 gwik1）等地……十幾年間，岳飛率領岳家軍，重整破碎的南宋山河，所到之處，金軍聞風喪膽，百姓翹首相盼。金軍中流傳着一句話：「撼山易，撼岳家軍難！」

　　第四次北伐時，岳家軍所向披靡，在朱仙鎮大敗兀朮的金軍，把他們趕出了開封。可誰也沒想到，就在這時候，朝廷忽然下令，讓岳飛班師回朝。

　　岳飛做夢也沒想到，自己真正的敵人不在戰場，而在朝廷。宋高宗趙構打從心底就不相信岳飛能擊退金軍，反而害怕岳飛把金國惹生氣了，沒法再談和。宋高宗一天之內連發十二道金牌，催逼岳飛撤軍。岳飛滿心悲憤，只能流着淚歎息道：「十年之功，廢於一旦！」

　　兀朮聽說了岳家軍撤軍的消息，馬上又率軍奪回了開封城，中原的大好河山再次落入金國之手。

在這之後，宋高宗默許大奸臣秦檜羅織罪名，誣陷岳飛企圖謀反，把岳飛關進監獄，並對他嚴刑拷打。岳飛在獄中堅強不屈，被逼寫供詞時，岳飛在紙上只寫下八個大字：「天日昭昭，天日昭昭。」

岳飛的遭遇激起了有良心的大臣們的憤慨，老將韓世忠忍不住親自去找秦檜，責問他憑甚麼說岳飛謀反，到底有甚麼證據。秦檜只能含含糊糊地回答說，雖然沒有證據，但是「莫須有」，也就是「或許有」的意思。韓世忠十分悲憤，辭掉了官職。

最終，岳飛在監獄裏被暗害，年僅三十九歲。他多年抗金的心血毀於一旦，辛苦打下的大好局面也被趙構親自斷送了。

岳飛與《滿江紅》

《滿江紅》

怒髮衝冠，憑闌處、瀟瀟雨歇。抬望眼、仰天長嘯，壯懷激烈。三十功名塵與土，八千里路雲和月。莫等閒、白了少年頭，空悲切。

靖康恥，猶未雪；臣子恨，何時滅！駕長車、踏破賀蘭山缺。壯志飢餐胡虜肉，笑談渴飲匈奴血。待從頭、收拾舊山河，朝天闕。

這首《滿江紅》是岳飛的代表作，在這首詞中，岳飛表達了自己對金軍踐踏大好河山的痛恨，以及對中原再次淪入敵手的悲憤，更有自身壯志未酬的遺憾。

當時的世界

1139 年，葡萄牙伯爵恩里克斯為擺脫西班牙的控制，自行加冕為葡萄牙國王，並擊敗了入侵葡萄牙的西班牙軍隊，使得西班牙國王不得不承認葡萄牙獨立。1142 年，岳飛以「莫須有」的罪名被殺。

金熙宗改制

金國的「漢人天子」

　　大家讀完遼、西夏的故事，或許已經感受到，游牧民族要想入主中原，就得按照中原的風俗進行一定的改革。在遼國完成漢化大業的是蕭太后和遼聖宗，在西夏國是夏毅宗李諒祚。而在金國，這個任務落到了金熙宗完顏亶（dàn，粵音坦）的頭上。

　　完顏亶是金太祖完顏阿骨打的孫子，金太宗完顏晟（shèng，粵音誠）的姪孫。他年紀還小時，完顏宗翰等大臣向金太宗建議立完顏亶為繼承人。金太宗見完顏亶聰明好學，又是金太祖嫡親的孫子，就同意了這個請求，還勉勵完顏亶說：「你是太祖的嫡親孫子，所以讓你以後繼承皇位。你以後就不能像其他的小孩子一樣只顧着玩啦，你要好好學習，培養自己的德行。」

　　於是，年幼的完顏亶就開始努力學習。他跟着漢人韓昉（fǎng，粵音訪）學習漢文化，從小就飽讀詩書，能用漢語吟詩作賦，還喜歡穿漢人的服飾，愛好漢人的象棋。很多金國的老臣看他不順眼，說他看起來活像個漢人的天子。完顏亶則覺得這些人行為粗魯，是沒有知識的野蠻人。

完顏亶即位時，金國的權力鬥爭很嚴重，作為少年天子，金熙宗的壓力很大。老臣完顏宗翰曾經領軍滅遼、宋，被稱為「開國第一功臣」，位高權重。完顏亶登基後，就找了個藉口收回宗翰的兵權，又以受賄的罪名處死他的心腹，活活氣死了宗翰。

獨自掌握了大權之後，完顏亶就在親近大臣的支持下，開始推行改革。在完顏亶眼裏，現在的金國保留了太多游牧民族的陋習，君臣之間沒有禮儀，尊卑不分，皇帝的威嚴得不到保障，不利於皇帝統治。因此，他從金國的官制入手，來了一場大換血。

金太祖在位時，女真實行勃極烈制度，由金國皇帝和少數宰相級別的高官共同執政。完顏亶廢除了這個制度，改用遼國和宋國的漢官制度，設立「三師」和「三省」。「三師」指太傅、太師和太保，「三省」指尚書省、中書省和門下省。從此，金國建立起了完善的三省六部制度，各部門之間互相牽制，大權統一掌握在皇帝手中，解決了朝臣權力過重的問題。

根據官員職位的大小，完顏亶還設計了對應的服飾制度、禮儀制度，並在原來遼國和宋朝的領土上也推行起來。

改革官制的時候，完顏亶還着手進行另一件事：整修都城。女真沒建國的時候，大家一起聚居在江邊，太陽升起來時就外出打獵，太陽下山則回帳篷裏休息，整個部落就像個規模稍大的村子。金太祖建國後，把都城定在上京（今黑龍江省），一開始仍然睡帳篷，晚年才開始修建房屋。金太宗執政時，也沒有太大規模地改造都城。但在完顏亶的眼裏，作為都城的上京未免太不氣派。於是他命令遼國投降來的漢臣盧彥倫主持修建工作，仿照宋國都城汴京的形制，將上京修建得金碧輝煌、美輪美奐。

官制有了，都城有了，完顏亶心念一轉，又開始創建新的文字。女真人一開始沒有自己的文字，用的是契丹的文字。建國後，他們的內外公文先是採用契丹文，後來阿骨打又命令大臣們仿照契丹大字和漢字發明了女真大字。如今完顏亶又命人創造了女真小字，與女真大字並列為金國的官方文字。

經過改革官制、修建都城、創立文字這幾個動作，金國的漢化程度越來越高。處理清楚了金國的內政，完顏亶就開始騰出手來處理宋朝。

北宋是金太宗滅亡的，金太宗發現一時間無法滅亡南宋，打下來的土地又需要人治理，就在北宋的領土上扶持了一個傀儡政權「大齊」，把向自己投降的濟南知府劉豫立為皇帝。後來完顏亶即位，偽齊被岳飛等南宋名將打得找不着北。完顏亶索性廢黜了劉豫，把他趕到一邊，直接和南宋朝廷溝通。

這時，完顏宗望、宗輔、宗翰等金國早年大將已先後凋零，兀朮帶領的金軍在戰場上受到岳飛等人的牽制，被迫收縮勢力範圍。南宋的宋高宗卻沒甚麼收復中原的野心，一心想求和。完顏亶見繼續打下去討不到甚麼好處，就同意議和，條件是讓宋高宗殺掉岳飛。宋高宗大喜過望，連下十二道金牌催促岳飛回到京城，先是解除了他的軍權，後來又殺害了他，還把岳飛多年出生入死收復的唐州、鄧州等地全部割讓給金國，又主動向金國稱臣納貢，並且承諾遣返所有從金國境內逃到南宋境內的百姓，換來了「紹興和議」的簽訂。

然而，「紹興和議」僅僅給南宋帶來了二十年的和平。完顏亶一死，他的繼任者馬上撕毀和約，領軍攻宋。

知識加油站 制度

被廢除的勃極烈制度

女真還沒建國的時候，有部落首領、貴族、大臣共同討論政務的傳統，人員比較龐雜。金太祖完顏阿骨打建國後，為了將權力集中到中央，就建立了勃極烈制度，由皇帝、皇儲以及少數宰相級別的高官共同議事。勃極烈地位尊崇，數量通常只有五人左右。勃極烈制度大大收攏了中央的權力，但依然不是君主專制，因此被完顏亶廢除。

雙面完顏亮
身具雄才卻荒唐透頂 ·····················

　　金熙宗在位後期，性情變了很多。他的改革遇到了很大阻力，整天要跟一幫老臣較勁。他經常處在苦悶之中，只好借酒澆愁。可是一喝醉酒，他就胡亂殺人，把自己的妻子、兄弟殺了個精光。一時間，朝中人人自危，以完顏亮為首的重臣們不堪忍受，就發動了政變。這天晚上，忠於完顏亮的大臣悄悄用鑰匙打開了皇宮所有的門。金熙宗每天睡覺都要帶着的佩刀被衛士悄悄拿走了。完顏亮率領部下殺入宮裏，殺死了金熙宗。之後，完顏亮當上了金國的皇帝。

　　完顏亮和熙宗一樣，都是金太祖阿骨打的孫子，他的性情也和熙宗一樣古怪，居然公開宣稱自己有三大理想：第一，天下大事全部都由他一個人作主；第二，率軍遠征，擒獲敵國君主；第三，娶全天下所有美麗的女性為妻。

公允地說，完顏亮做皇帝的水平很不錯。他登基以後，繼續推進改革，在熙宗改制的基礎上，將三省六部制變為一省六部制，更方便各部門之間配合，提升了行政效率，也進一步加強了中央集權。

在選拔人才上，完顏亮也頗有心得。他在金國大力推行科舉制度，讓金國的百姓也能夠通過參與科舉來躋身官員行列。為了選拔合適的人才，完顏亮不拘一格，不管是遼人、漢人還是女真人，只要確實有真才實學，就能夠入朝為官，發揮自己的才能。

完顏亮還主持了金國第一部成文法的修訂，推進了律法的改革。從前，女真沒有成文的法律，歷經太祖、太宗、熙宗三朝，都採用女真族代代相傳的習慣法來解決問題。完顏亮在參考隋、唐、遼、宋等朝法律制度的基礎上，頒佈了金國第一部成文法律《續降制書》。

在經濟上，完顏亮發明了金國獨有的貨幣，讓金國擺脫對遼和宋錢幣的依賴，轉而自行培養印鈔鑄錢的能力。朝廷負責管控錢幣的印製和流通，讓中央集權進一步加強。

另外，完顏亮還是個才華橫溢的文學家，他創作了很多氣勢恢宏的詩篇，甚至引領了金國文學的風尚。他喜歡和居住在金國的宋遼文人談論文學。他的詩作流傳到南宋，就連對金人有着刻骨仇恨的南宋文人也不得不承認，像完顏亮這樣剛健質樸的北地文風，遠超江南那些軟綿綿的文字。

完顏亮還主持了金國的遷都工作。儘管在他之前，熙宗已經把上京修建得盡善盡美，但完顏亮認為，金國目前已經佔領了絕大部分中原土地，而上京僻處極北之地，繼續定都在上京不利於統治原本屬於遼國和宋朝的大片國土。另外，上京是熙宗主持修建的，繼續把這裏作為政治中心，難免會讓人們懷念熙宗。因此，他不顧朝中大臣們的強烈反對，強行把都城遷徙到了燕京（今北京市），改名為大興府。這大大加速了女真族與漢族的融合進程，加強了中央對全國的威懾力。

單看這些描述，大家多半會覺得，完顏亮這個人還蠻不錯。可是，他的雄才大略背後，是堆積成山的累累白骨。慘死在他手下的人不計其數，有他的政敵，有無辜的百姓，甚至還有他的家人至親。為了避免有人謀權篡位，他把太祖和太宗的一兩百名後裔統統殺光了。他還風流成性，見到漂亮的女人就要霸佔為妃，不管她是不是已經嫁了人，甚至連自己的外甥女和嬸嬸也不放過。

完顏亮還一直有開疆闢土的志向，他整天都想率兵出征，蕩平南宋。他徵召全國的壯年男子從軍，又備齊了戰馬和糧草，磨刀霍霍，準備向南宋開刀。但是朝中大臣都反對他伐宋，連他的嫡母徒單太后也出來反對。完顏亮殺了很多反對他出征的大臣，這也就罷了，讓人無論如何都想不到的是，他竟然派人將太后也殺了。他還狂妄地對將領們說：「從前梁王兀

亦進攻宋朝沒取得勝利。我這次出征，長則一百天，短則一個月，肯定能掃平南方！」

1161 年，完顏亮兵分四路，正式向南宋發起了攻擊。他親自率領軍隊攻打壽春（今安徽省淮南市壽縣東北），另外三路軍隊分別從河南、陝西、浙江出兵，意圖一舉滅亡南宋。據說完顏亮的軍隊足足有六十萬之眾，而他號稱有百萬雄師。大軍所到之處，戰鼓喧天，聲聞遠近。

戰爭剛開始時，金軍所向披靡，南宋主將死的死、逃的逃。但沒想到，一場巨大的風波突然襲來，不僅使金軍大敗，完顏亮也被殺了。

立馬吳山第一峯

完顏亮精通漢學，能吟詩作對，他的作品大都氣勢恢宏，體現著一代梟（xiāo，粵音驍）雄的雄心壯志。他曾經創作過一首名為《題臨安山水》的詩，詩的最後一句是「立馬吳山第一峯」。吳山是杭州西湖邊的一座山峯，而杭州是南宋的都城。這首詩表達了完顏亮踏破南宋的志向，表示了他對南宋志在必得的野心。

《題臨安山水》
萬里車書一混同，
江南豈有別疆封？
提兵百萬西湖上，
立馬吳山第一峯！

小堯舜金世宗

金朝出了一個賢德天子

　　前面給大家講過，中國古代一直把上古帝王堯、舜當成皇帝的最高境界，可你知道嗎？兩宋時期還真有一位皇帝被稱為「小堯舜」，而且他還不是宋朝的皇帝，而是金國皇帝。他就是金世宗完顏雍。

　　完顏雍同樣是金太祖阿骨打的孫子。金國皇帝一個比一個嗜血殘忍，完顏亶、完顏亮不光對宋朝狠，就連對自家的皇室也是冷酷無情，把自己的手足們像割韭菜一樣殺了一批又一批。但完顏雍懂得韜光養晦。他的父親傳給他一條宋朝皇帝用過的珍貴玉帶，他卻聽從妻子的建議，主動獻給了完顏亶，以換取完顏亶的寵信。後來完顏亮登基，完顏雍採取相同的策略，送給他原來遼國的骨睹犀佩刀、吐鶻良玉茶器等珍寶，消除了完顏亮對他的猜忌。也正因此，他成了為數不多躲過屠刀、平安活下來的宗室。

　　完顏亮不顧朝野反對南征宋朝的時候，完顏雍看到金國國內空虛，看準機會發動兵變，自己當上了皇帝。完顏亮得知後勃然大怒，本來想立刻撤軍回國，他的親信李通卻建議說，不如先滅南宋，帶着滅南宋的戰功回去平叛，這樣可以一舉兩得。完顏亮覺得言之成理，就加緊催逼將士們，驅趕他們上戰場打仗。很快，金軍來到了長江邊，打算從采石（今安徽省馬鞍山市西南）渡江。

　　金軍來勢洶洶，原本駐紮在采石附近的將領王權因為無能被罷官，新調來的李顯忠還在赴任的路上，士兵們軍心渙散，不知道怎麼辦才好。這時候，一個叫虞允文的文官挺身而出，調集將領，犒（kào，粵音耗）賞三軍，還組織民兵與當地百姓負責後勤，做好與金軍決一死戰的準備。

完顏亮沒想到宋軍還敢抵抗，沒有打探清楚情況就貿然發起了進攻，結果在渡江時被虞允文的水軍重擊，遭到慘敗。金軍將士見打不贏仗，又聽說了完顏雍登基的消息，便不想繼續給完顏亮賣命。這天深夜，他們闖入完顏亮的中軍大帳，亂箭齊發射倒完顏亮，縊死了他，然後回國投奔完顏雍去了。

這下，金世宗完顏雍算是正式坐穩了皇位。此時金國的情況很棘手，新皇剛登基，政局不穩，境內各族人民還在不斷起義。面對這種局面，完顏雍首先要做的就是保持政局穩定。他一方面痛斥完顏亮的荒唐行徑，不承認他的帝位，把他的封號貶為海陵王；另一方面則寬厚對待皇室宗親，一改前兩任皇帝在位時胡亂殺人的作風。

對完顏亮執政時的朝廷重臣，完顏雍也百般優待，哪怕這些人曾經攻擊過自己，也絕不追究。對在完顏亮時期無辜獲罪的人，還在世的就量才錄用、給予官職，已經去世的就尋訪遺骨、妥善安葬。做了這些事情後，完顏雍深得貴族和重臣們的愛戴，他的統治也穩固了下來。

「采石之戰」後，完顏雍還主動派人去跟南宋議和，兩國之間暫時止住了兵戈，讓完顏雍能專心處理國內此起彼伏的起義。大家都知道，金國的領土大部分由原來的遼國和北宋組成，生活在這裏的老百姓親眼見識了祖國被金軍滅亡的情形，對金國統治者恨得牙癢癢，所以各族人民的起義活動從未停止。

完顏雍剛登基時，契丹人移剌（là，粵音辣）窩斡（wò，粵音挖）正在率領原遼國的牧民們進行一場大起義。完顏雍一開始沒當回事，派遼國降將去招降起義軍。結果這個人見起義軍勢力大，反而投奔他們去了。派去鎮壓的軍隊也被移剌窩斡打得落花流水。後來，移剌窩斡乾脆稱了帝。

完顏雍這才重視起來，他採取「糖果與鞭子」的方式，對起義軍的高層許以高官厚祿，誘使他們叛變。有人經受不住誘惑，就出賣了移剌窩斡。完顏雍對出賣者大加安撫，對移剌窩斡卻十分殘酷，不僅殺了他，還把他的屍體懸掛示眾，就這樣平息了契丹人的起義。

完顏雍汲取了前兩任皇帝慘死的教訓，採取與民休息的政策。邊境戰火散去了，契丹起義被鎮壓了，士兵們也就可以回家了。完顏雍遣散了南

侵時被強行徵召的步兵，讓他們回家種地。他還寬恕了山東一帶小規模起義的漢人，只要他們願意老實種田，以往的叛亂行為就既往不咎。他還赦免了許多因戰亂或貧窮淪為奴隸的人，讓他們恢復良民的戶籍，擁有自己的田地。這樣一來，百姓們有飯吃、有地種，也就安下心來。伴隨着人口的增加，大量荒地被開墾，農業生產得到了恢復，財政收入逐年增加，國庫也漸漸充實起來。

　　儘管國家越來越強盛，完顏雍卻還是保持着勤儉的作風。他曾召見負責宮中飲食的官員，告誡他們，皇族們享受的一切都來自百姓們的供養，現在宮中用膳過分奢靡，以後每頓飯做幾道菜就好了。完顏雍還經常教導貴族們，生活起居都不要太過奢靡，不能丟失了女真族節儉質樸的風氣。他一邊說，一邊拉起自己的衣服給大家看，原來他身上的衣服穿了足足三年都沒捨得丟棄呢！

　　完顏雍在位二十多年，推行漢學，尊崇儒生，也注意維護女真族的傳統文化。他廣納賢才，改革吏治，與民休息，讓金國走上了繁榮興旺之路。他也因此被視作一代聖君，甚至有「小堯舜」的美稱。

知識加油站 制度

金國的民族政策

　　金國統治者入主中原後，一開始定都在上京，為了充實都城的人口，也為了平息原本遼國和宋朝領土上的起義，就不斷推動原遼國和北宋的居民向北遷徙。金世宗推行女真為本的政策，繼續強制要求漢人北遷。大量中原漢人被迫離鄉背井，與契丹族人、奚族人、女真族人共同建設東北，推動了東北地區的發展。可是有很多漢族人和契丹族人淪為奴隸，受盡殘酷的壓迫。

開禧北伐與嘉定和議

回不去的中原 ·

前面「燭影斧聲」的故事提到，宋太祖傳位給了弟弟宋太宗。從此北宋的歷任皇帝都是宋太宗的子孫。不過從南宋開始，皇位又傳回到了宋太祖的後代那裏。

原來，「靖康之變」中，宋太宗的子孫被金國一網打盡，只有宋高宗趙構僥倖逃脫。可宋高宗沒有孩子，於是選中了宋太祖的七世孫趙昚（shèn，粵音慎），將皇位禪讓給他，這就是歷史上的宋孝宗。高宗自己則做了太上皇。

比起之前那幾位皇帝，宋孝宗算是有骨氣的，做夢都想光復中原。他剛一登基，就開始着手為蒙冤去世的岳飛恢復名譽，以顯示自己對金作戰的決心。他還重用主戰派的將領張浚，積極進行打仗的準備工作。這時候，正好金國的完顏亮被殺，金世宗初掌朝政、政局不穩，孝宗皇帝認為是北伐的好機會，就命張浚為主帥，領軍北伐。

可惜的是，張浚雖然在剛開始的時候打了幾場勝仗，卻沒能取得最終的勝利，還是被金國打敗了。無奈之下，宋孝宗只得與金國議和，不僅要割地賠款，還要自稱「姪皇帝」，而把金世宗稱為「叔皇帝」，歷史稱為「隆興和議」。

還好，「隆興和議」總算為宋金兩國換回了四十年的和平，宋孝宗於是把視線投向國內，開始專心發展經濟。他在位期間，重視農業生產，興修水利，與民休息，南宋的經濟得到了恢復，逐漸興旺發達起來，文化上也欣欣向榮，出現了朱熹、陸游、辛棄疾、范成大等著名文學家。歷史上稱這段時間為「乾淳之治」。

然而，被金國打敗的恥辱卻是宋孝宗內心永遠的痛。他想再次組織軍隊北伐，可是岳飛、韓世忠、劉錡等南宋初年的名將都已先後凋零，朝中實在沒有可用的將領。而對面的金世宗又勵精圖治，把國家治理得井井

有條。再加上宋高宗還活着，雖然退位當了太上皇，可總是對朝政指手畫腳，還對孝宗千叮嚀萬囑咐：「我老了，光復中原這種事，你等我死了再說！」

宋孝宗有收復中原的願望，卻被各種因素牽扯，只能在日復一日的等待中消磨歲月。在他登基的第二十五年，終於等到宋高宗死了，可這時的宋孝宗也已經步入暮年，無論精力還是心志都不足以北伐。宋高宗死後兩年，宋孝宗也退位為太上皇，把皇位傳給了宋光宗。

要形容宋光宗時期的朝政，用「一塌糊塗」這四個字再合適不過了。光宗聽信讒言，疏遠太上皇孝宗；又娶了個兇悍的妻子，朝政大權都被皇后所把持。他做了五年皇帝，「乾淳之治」帶來的積蓄全部被揮霍一空，南宋再也沒能富強起來。光宗身體不好，後來精神上也出了問題，連父親太上皇的葬禮他都因病不能主持。最後大臣們忍無可忍，在太皇太后（宋高宗的皇后）的支持下，擁立光宗的兒子趙擴登基，讓光宗做太上皇養老去了。

趙擴就是歷史上的宋寧宗，他在韓侂胄（tuō zhòu，粵音托就）、趙汝愚這兩個大臣的支持下登基，為了報答他們，就讓他倆一起做宰相。沒想到，韓侂胄與趙汝愚因為權力鬥爭而失和，兩人各自結黨營私，展開了瘋狂的黨爭。大思想家朱熹也被捲入，他因反對韓侂胄而被罷官，他所倡導的「理學」也被斥為偽學，大量理學家被免職，學習理學的弟子們也都被剝奪了科舉的資格。

韓侂胄想要獨攬大權，可是他的名聲實在太差了。正好這時候金國日漸蠻橫，宋國與金國的關係變得越來越緊張，他就想藉着這件事給自己樹立個好名聲。於是，他建議宋寧宗追封岳飛為鄂王，並且削去秦檜的爵位和諡號，追究他禍國殃民的大罪。一番動作後，朝中的大臣們都認識到了宋寧宗北伐的決心。韓侂胄見時機成熟，就慫恿宋寧宗宣佈北上伐金，史稱「開禧北伐」。

可是，韓侂胄雖然打着北伐的旗號，想的卻只是牟取自己的政治利益，他根本沒有軍事才能。宋軍匆忙出戰，連糧草補給都跟不上。韓侂胄安排的將領要麼輕敵冒進，要麼庸碌無能，還有的乾脆叛變了。

北伐第二年，宋軍慘敗。宋寧宗割地求和，與金國簽訂了更加屈辱的「嘉定和議」。和議條款規定，宋朝皇帝以後要叫金國皇帝為叔父，每年的歲幣金額大大增加，還要一次性給金國三百萬兩銀錢作為軍費。韓侂冑本人也被宋寧宗處死，首級作為禮物獻給了金國。

宋孝宗、宋寧宗在位時組織的兩次北伐，都以南宋的慘敗告終。從此以後，南宋再也沒能組織起大規模的北伐，收復中原的夢想徹底破滅。

直到國家滅亡，南宋朝廷都沒能再回到中原。生活在長江以北的宋朝百姓，飽受金人的欺凌，只能悲傷地望着南宋朝廷的方向。後來詩人陸游寫詩感歎：「遺民淚盡胡塵裏，南望王師又一年！」

就在「嘉定和議」簽訂時，北方的蒙古族已經在草原上崛起，擁有強大騎兵的他們在首領成吉思汗和他的孫子忽必烈的帶領下，不斷擴張領土，接連滅了西夏、金、南宋，最終統一了全國，建立了元朝。

知識加油站 經濟

世界上最早的紙幣

北宋時商品經濟發達，人們使用鐵錢交易。鐵錢沉重，大規模運輸不便，四川地區的商人們就發明了「交子」，用交子來代表一定數額的鐵幣。這是我國最早的紙幣，也是世界上最早的紙幣。南宋時出現了朝廷官方發行的「會子」，到宋孝宗在位時，在會子上加蓋朝廷官印，以促進會子在全國境內流通，刺激了經濟的繁榮發展。

宋詞的繁榮
一輩宋代的詞作者

　　大家喜歡聽歌嗎？有沒有品味過歌詞的美妙？寫歌詞在當下不是熱門的職業，但是在宋朝，如果歌詞寫得好，可以收穫萬千粉絲的喜愛，美名甚至能傳到皇帝的耳朵裏呢！

　　你一定知道，唐朝最著名的文體是詩，宋朝最著名的文體則是詞，唐詩和宋詞交相輝映，並稱為「雙絕」，都是我國文學百花園裏璀璨奪目的明珠。

　　宋詞是一種音樂文學，它的前身是民歌，不同的詞牌有相對應的曲調，可以把詞唱出來。唐詩的形式是五言、七言，比如「國破山河在，城春草木深」，「窗含西嶺千秋雪，門泊東吳萬里船」，每一句的字數都相同，有着嚴格的對仗規則。宋詞的形式則是「茅簷低小，溪上青青草」，句子長短不齊，錯落有致，便於吟唱。

　　宋詞的起源可以追溯到隋唐時期的「燕樂」，也就是在宴會上為了助興演唱的歌謠。那時候，只有一些底層的樂工和伶人會寫詞、唱詞。後來，唐朝的張志和、韋應物、白居易、劉禹錫等大詩人開始寫詞，讓詞進入了士大夫階層的視線。唐朝是各民族大融合的時代，各族民歌的精華也都被借鑒到詞的創作中。再往後，晚唐時期以溫庭筠為代表的「花間派」詞人，以及南唐後主李煜（yù，粵音沃），都為詞的發展作出了貢獻，這才有了宋詞的大放異彩。

根據抒發情感的不同，宋詞可以分為「婉約詞」和「豪放詞」。而且宋朝經歷了北宋和南宋的變遷，不同時期，宋詞流行的主題也不一樣。

婉約詞出現較早，最早發源於以唐朝詩人溫庭筠為代表的花間派詞人，關注個人的情緒，表達細膩婉轉的感情。宋朝時，婉約詞的代表詞人有柳永和李清照。

柳永出身於北宋的官宦世家，年少時也有過報效祖國的遠大志向。可惜，柳永空有一身才華，「考運」欠佳，總是考不中科舉。大家都知道，宋朝以科舉取士，考不中功名就做不了官。柳永心裏鬱悶，就寫了很多詞作來抒發自己內心的苦悶，難免有些蔑視「浮名」、追求自由的句子。不幸的是，柳永寫的文章沒有得到賞識，這些發牢騷的詞反而傳到了仁宗皇帝耳朵裏。後來，當柳永終於進入殿試的時候，仁宗竟然把他的名字劃掉了，還說，這個人不是不想要浮名嗎？那就別來考試呀！

從此，柳永斷絕了考取功名的念頭，自稱「奉旨填詞」，整天混跡於市井之間，創作了很多絕妙的好詞。他最有名的詞是《雨霖鈴》，相傳是他從汴京南下時，與戀人告別的作品。這首詞開頭先勾勒出一番秋景：寒蟬在樹上淒切鳴叫，傍晚時分細雨剛停，船夫在催自己上船，詞人與戀人站在岸邊的長亭前，握着手互相看着，眼裏都是淚水，千言萬語都噎（yē，粵音 jit3）在喉間說不出來。詞中「多情自古傷離別，更那堪、冷落清秋節。今宵酒醒何處？楊柳岸、曉風殘月」，更是成為千古名句。

兩宋之交的詞人李清照，前半生是一位衣食無憂的官宦少女，後半生則遭逢家國慘變，對人生有着深刻的體悟。她年少時和女伴們去池塘泛舟遊玩，不小心迷失在蓮花深處，這段趣事後來被寫成《如夢令》：「常記溪亭日暮，沉醉不知歸路。興盡晚回舟，誤入藕花深處。爭渡，爭渡，驚起一灘鷗鷺」，記錄了閨中少女天真爛漫的情懷。後來，她與金石學家趙明誠喜結連理，兩人琴瑟相和，她又創作出了像《一剪梅》這樣情致纏綿的作品，詞中的「此情無計可消除，才下眉頭，卻上心頭」一句，非常有名。

李清照到了中年，北宋遭逢滅國的厄運，趙明誠也不幸身亡，兩人早年收藏的金石文物、名人字畫在戰火中毀於一旦。李清照晚年處在國破家亡的巨大悲痛中，對人生無常有了更深的理解。這個時期，她創作了《聲聲慢·秋情》，「尋尋覓覓，冷冷清清，淒淒慘慘戚戚」，字字泣血，令人不忍卒讀。

不同於婉約詞對個人情感的挖掘，豪放詞關注的則是家國天下的意氣。豪放詞的代表人物有蘇軾（shì，粵音式）、辛棄疾。

蘇軾是北宋著名的文學家，他和父親蘇洵（xún，粵音詢）、弟弟蘇轍，並稱為「蘇門三進士」，都位列「唐宋八大家」。蘇軾早年襟懷廣闊，文風清新灑脫，深受歐陽修這樣的大文學家賞識，一時名滿天下。他最有名的詞就是《念奴嬌·赤壁懷古》，詞中有許多名句，如：「大江東去，浪淘盡、千古風流人物」、「江山如畫，一時多少豪傑」、「羽扇綸（guān，粵音關）巾，談笑間，檣櫓（qiáng lǔ，粵音牆魯）灰飛煙滅」……他的另一首詞《水調歌頭》是在中秋節懷念弟弟蘇轍，成為與中秋節相關作品中最有名的一首詞，後人思念親人時經常引用裏面那句「但願人長久，千里共嬋娟」。

後來，蘇軾因為捲入了「新舊黨爭」，被神宗皇帝厭棄，雖然僥倖沒被殺掉，卻被趕出了京城。幾經浮沉後，他又被哲宗皇帝遠遠打發到海南受苦去了。用現在的眼光看，海南島是繁華美麗的度假勝地，但在宋朝時，那可是不折不扣的窮山惡水。

面對這樣的變故，蘇軾沒有自暴自棄，依舊保持着曠達的心胸。他在嶺南吃荔枝、辦學堂，組織當地人民修路挖井，教導人們學習中原地區的文明。他曾寫下「試問嶺南應不好？卻道，此心安處是吾鄉」，表現了他的樂觀精神。

同樣是豪放詞的代表，辛棄疾的風格就和蘇軾有很大不同。辛棄疾是南宋時的愛國將領，一生最大的志向就是收復國土、一雪國恥，卻始終壯志難酬。他將自己滿腔的熱血、憂憤和對國家的關切全都貫注在詞作裏，寫過不少對大好河山的歌頌，也寫過對個人身世的自傷和感懷。有一次他登上京口北固亭，想起歷史上的孫權、劉裕，寫下了一首《永遇樂》，

「千古江山，英雄無覓，孫仲謀處」、「斜陽草樹，尋常巷陌，人道寄奴曾住」。又比如那首《破陣子》：「醉裏挑燈看劍，夢回吹角連營。八百里分麾（huī，粵音揮）下炙，五十弦翻塞外聲。沙場秋點兵。」他的詞豪放中帶着沉鬱，風格雄渾又不乏細膩，展示了愛國詞人的心聲。

豪放詞與婉約詞雖是不同的流派，但在藝術價值上並無高下之分，都屬於瑰麗多彩的宋詞文化。像辛棄疾這樣壯志凌雲的將領，也寫過「卻道天涼好個秋」的感傷；而像李清照這樣以清麗典雅聞名的婉約派作者，也有過「生當作人傑，死亦為鬼雄」的豪情。

相傳，蘇軾曾經問幕僚，自己和柳永誰寫的詞更好。幕僚回答說：「柳永寫的詞適合十七八歲的小姑娘輕歌曼舞，唱着『楊柳岸、曉風殘月』；而您寫的詞，必須要關西大漢彈着銅琵琶，擊打着鐵板，唱『大江東去』。」蘇軾哈哈大笑，也就不再執着。

清代的趙翼曾說「國家不幸詩家幸，賦到滄桑句便工」，意思是說，文學的發展與時代的變遷密切相關，江山離亂的年代，詩人們反而能創作出優秀的作品。宋朝三百一十九年的歷史，雖然戰火連年、山河破碎，卻成為詞人們的靈感源泉，滋養了輝煌燦爛的宋詞文化。

知識加油站 文學

宋詞的「詞牌」是甚麼？

宋詞的標題通常是「詞牌＋標題」的形式，例如《念奴嬌‧赤壁懷古》，「念奴嬌」是詞牌，「赤壁懷古」是標題。詞牌，指的是詞的格式。宋詞有一千多種格式，每種格式都有對應的名稱。有的格式可以對應多個詞牌，例如《念奴嬌》，也叫《大江東去》或《酹（lèi，粵音賴）江月》。

詞牌的來源有三類，有的詞牌來自民歌的曲調，例如《菩薩蠻》、《西江月》；有的詞牌來自詞中的字句，例如《憶秦娥》來自「簫聲咽，秦娥夢斷秦樓月」這句詞；有的詞牌則是詞的標題，例如《踏歌詞》詠的是舞蹈，沒有另外的標題。

了不起的宋代科技

科技發展的黃金時期

　　大家看了兩宋的故事，是不是覺得太鬱悶了？遼國打不過，西夏打不過，金國打不過，後面要出現的蒙古也打不過，簡直太窩囊了。

　　不過，宋朝倒也不是一無是處。大家可以想想，宋朝每年都要送出那麼多歲幣，可還能維持住統治，這本身就很不容易。這是因為，宋朝時商品經濟得到了長足的發展，經濟、文化、教育制度齊備，可以說除了軍事以外，其他方面都是當時世界上最先進、最繁榮的國家之一。

　　大家讀過唐朝歷史，一定對唐太宗時萬國來朝的景象印象深刻。唐朝周邊的國家派人帶着當地的土特產趕來向大唐稱臣，換回唐朝皇帝賜予

的豐厚賞賜。而宋朝廣開國門，卻是為了跟周邊各國做生意。宋高宗曾經對大臣說，貿易的利潤非常豐厚，只要辦法得當，動不動就能有百萬貫的收入，不比從百姓那裏收來的賦稅高？他重視貿易也是為了減輕百姓的負擔。

除了坐在家裏等外國使團上門，朝廷還會主動出擊，鼓勵商人們進行海外貿易。朝廷在廣州、泉州、杭州、明州、密州等地特意設置了「市舶（bó，粵音薄）司」，只要商人們前往市舶司取得了相應的許可，就可以乘船前往其他國家貿易。在商業需求的驅動下，宋朝的航海技術空前發達，像造船業、指南針，都是世界上的頂尖水平。

想要漂洋過海，那就一定需要一艘適合遠航的船。船體要夠堅固，才不會在航行到海裏時解體；貨倉的容量要夠大，才能裝下更多的貨物；風帆當然也要有足夠的動力，才能提升行駛的速度。據宋朝人記載，當時出

現了一種叫「木蘭舟」的船，專門為了遠洋航行而建造，整艘船大得像別墅，風帆像從天上垂下來的雲彩，用來划船的槳有十幾米長，每艘船都坐得下幾百人。航行開始前，船主會在船上儲備足夠吃一年的食物。為了讓大家有肉吃，甚至還會在船上養豬呢！

除了這種遠洋航行用的巨大商船，宋朝還有細長扁平的湖船和刀魚船，最適合在沿海的淺水區停靠；還有飛蓬船、大灘船、舫船等，船身小巧，載重量小，適合在蜿蜒（wān yán，粵音冤延）狹窄的河流裏航行。隨着海外貿易的開展，我國的造船技術被商人們傳播開來，推動着世界造船術的發展。

有了船，當然還要有能鑒別方向的工具。不然在茫茫的大海上，四面都是水，誰也不知道該往哪裏開呀。在指南針發明之前，古代人主要靠司南辨別方向。人們將天然磁石雕刻成匙羹的形狀，轉動匙羹，當匙羹停下來時，匙羹柄會指向南方。而北宋時，出現了比磁匙羹更好用的磁針，受到磁石的磁性和天然磁場的影響，磁針的南極始終指向南方，這也就是現代指南針的雛形。前面講過沈括的《夢溪筆談》，那本書同樣記錄了水浮磁針的製法，並據此發現了磁偏角現象。

除了磁針，《夢溪筆談》還記載了活字印刷術。唐宋時期，人們普遍採用雕版印刷術。印刷之前，要先製版，也就是在木板上先雕刻出筆畫左右相反的凸起文字；再將凸起的文字染滿墨汁，覆蓋在紙張上，撫平紙面，字跡就在紙上出現了。雕版印刷術在宋朝時達到全盛，促進了文化的傳播，使宋朝時的科技文化成果能夠保存下來。

而畢昇發明的活字印刷術，則是將常用字做成一個個大小相同的泥模，再用火燒製，讓泥模變得堅固。每次要印刷之前，先把所需要的字模挑揀出來，按順序放進木框裏，塗上用松脂、蠟和紙灰製作的藥劑，這樣印版就製作完成了。完成印刷後，字模還可以被拆出來，用於下一次印刷。活字印刷術大大節省了製版時間，更容易儲存和運輸，與雕版印刷術相比，更加輕便實用。在畢昇發明膠泥活字以後，又相繼出現了錫活字、木活字、鉛活字、銅活字等。四百多年後德國人古登堡發明的銅活字印刷術，讓世界上的印刷技術出現了飛躍。

「四大發明」中的火藥，同樣也出現於宋朝。將硝石、木炭、硫黃等原料按照一定的比例混合，就能製造出可以在短時間內快速燃燒並爆炸的火藥。早在唐朝，就有了將火藥用於軍事的記載。到了宋朝，對外戰爭接連不斷，朝廷主持建造了火藥作坊，專門用於火藥武器的研製，發明了火藥箭、火炮、震天雷等威力巨大的爆炸武器。後來，火藥被阿拉伯商人傳播到阿拉伯、希臘、歐洲乃至世界各地。

除了造船術、指南針、印刷術和火藥，宋朝在天文、冶金、水利、紡織、土木工程等行業也有重大發明。勤勞智慧的中國古代人民，為我們留下了汗水和智慧的結晶，推動着歷史長河的滔滔向前。我國現代著名史學家陳寅恪（yín kè，粵音仁確）就說：「華夏民族之文化，歷數千載之演進，造極於趙宋之世。」

知識加油站 制度

宋朝的「市舶司」是甚麼？

市舶司是宋朝在各個港口設立的官府，專門用來管理海上貿易，相當於現在的海關。北宋時航海貿易發達，在廣州、杭州、明州（今浙江寧波）、泉州等地都設置有市舶司。商人出海前，需要將貨物數量、成色、目的地上報給市舶司，經查驗無誤後，發給出海許可證。商人們渡海回國時，需要按照貨物價值給予市舶司一定的抽成，才可以售賣。市舶司的收入也是宋朝財政收入的重要來源。

責任編輯　楊紫東　潘沛雯
裝幀設計　鄧佩儀
排　　版　陳美連
印　　務　劉漢舉

穿越中國五千年❼：宋遼夏金

歪歪兔童書館 ◎ 著繪

出版｜中華教育

香港北角英皇道 499 號北角工業大廈 1 樓 B 室

電話：(852) 2137 2338　傳真：(852) 2713 8202

電子郵件：info@chunghwabook.com.hk

網址：http://www.chunghwabook.com.hk

發行｜香港聯合書刊物流有限公司

香港新界荃灣德士古道 220-248 號荃灣工業中心 16 樓

電話：(852) 2150 2100　傳真：(852)2407 3062

電子郵件：info@suplogistics.com.hk

印刷｜泰業印刷有限公司

香港新界大埔工業邨大貴街 11 至 13 號

版次｜2024 年 3 月第 1 版第 1 次印刷

©2024 中華教育

規格｜16 開（230mm x 170mm）

ISBN｜978-988-8861-36-1

本書由海豚出版社有限責任公司、北京歪歪兔教育科技有限公司授權中華書局（香港）有限公司以中文繁體版在香港、澳門、台灣使用並出版發行。該版權受法律保護，未經同意，任何機構與個人不得複製、轉載。